Monika Keuthen

Mosel, du schroffe Schöne

Ein Reisebuch für Weinliebhaber und Geniesser feiner Speisen

Edition Fluvia
herausgegeben von Monika Keuthen
Band 1

Daedalus

Originalausgabe

Daedalus Verlag Joachim Herbst
Oderstr. 25 · D-48145 Münster
Lektorat: Mendlewitsch + Meiser,
unter Mitarbeit von Judith Oehlert
Umschlagentwurf, Gesamtherstellung:
Jan van der Most, Düsseldorf
Printed in Germany
ISBN 3-89126-223-X

Bildquellen
Coverabbildung: Heymann-Löwenstein, Fotograf Reinhard Löwenstein | Mönchhof, Fotograf Robert Eymael
Vorsatz: Monika Keuthen
Innenteil: Heymann-Löwenstein, Fotograf Reinhard Löwenstein, Seite: 10, 15, 31, 49, 53, 56, 63, 67, 74, 84, 85, 90, 94, 100, 104, 118, 120 | Heymann-Löwenstein, Fotograf Hermann Schausten, Seite: 111 | Von Othegraven, Fotograf Patrick Swietlik, Seite: 23 | Wildbadwein, Fotografin Martina Zang, Seite: 81 | Fotograf Mirko Krizanovic, Darmstadt, Seite: 18, 40, 41 | Mönchhof, Fotograf Robert Eymael, Seite: 71
Reinhold Franzen, Fotograf Rolf Goergen, Seite: 26
Illustrationen: Ina Sartor, Köln

Inhalt

Musik II

Rose Ausländer

Schwalben
verlässliche Heimatvögel
den Sommer ausgebrütet
das Sonnen strahlende Ei

Ballen sich Wolkenfäuste
gegen die Sonne
spannt sie den
siebenfarbnen Bogen
trifft die Wolken
ins Herz

Flutende Harfe
im Fluss
ihre Saiten
transparent

Musik
mich begleitend
ins strömende Staunen

TRIER • LEIWEN • TRITTENHEIM • KANZEM
WILTINGEN • PERL-NENNIG

Auch ich war in Arkadien

Denn ich habe Augusta Treverorum gesehen. Die Stadt am Fluss im äußersten Westen, den Flecken Erde an den Ufern der Mosel, den Caesar, als er Gallien eroberte, den keltischen Treverern entriss und Rom zuführte – und der noch Jahrhunderte später die romantischen Gefühle des Malers Johann Anton Ramboux erregte.

Trier. Die älteste Stadt Deutschlands. Eingebettet in eine Weinlandschaft, die wie keine zweite die Gemüter erhitzt und von der die Meinung herrscht, dass außer Bacchus nichts als Arkadien an ihren Ufern zu finden sei. Selbst zu der Zeit, als die Antike längst vergangen, die Romantik schöngeistiger Geschichte verblasst, der Fluss gestaut und der Wein zu einem Allerweltsgetränk vergoren ist.

Sie sollen damals geschickte Reiter gewesen sein, diese Treverer, und sich keineswegs willenlos in ihre römische Zukunft ergeben haben. Sie würden Befehle nur ausführen, wenn man sie dazu zwänge, hieß es, als Gallien römisch wurde. Welch ein Glück, dass sie sich doch fügten!

Und welch eine Stadt Kaiser Augustus dort um 16 v. Chr. aus der Taufe hebt! Augusta Treverorum. In Windeseile wächst sie zur Urbs opulentissima heran. Ihre günstige Lage an der schiffbaren Mosel und an der großen Fernstraße von Lyon hin zu den römischen Stützpunkten am Rhein macht sie zu dem Zentrum, das alle anderen – Köln, Koblenz, Mainz – in den Schatten stellt.

Roma secunda, zweites Rom, wird sie genannt. Und die Römer, erfüllt von nicht enden wollendem Baueifer, sonnen sich im Zurschaustellen der architektonischen Wunderwerke ihrer Zeit. In mehreren Phasen erbaut, geben sie Augusta Treverorum, später auch Treveris genannt, das italische Flair, das die Stadt in Roms nordwestlichen Gefilden so einzigartig macht: Thermen, Forum, Tempel, Palastanlage, Amphitheater, Porta Nigra …

Mille passus – tausend Doppelschritte braucht man, um von der Porta Nigra zum Amphitheater zu gelangen. Ein Tor – für die Ewigkeit bestimmt! Einfuhren aus Italien, Südgallien und der ganzen damaligen Welt verleihen der Stadt die Aura des guten Lebens. Ist es nicht dekadenter Luxus, so weit im Norden in Oliven, Austern, Muscheln oder Straußenfleisch zu schwelgen? Dazu rosenroter Oleander, Lorbeer, Öllampen, italische Terra sigillata und Wein aus prachtvollstem Glas auf gallischen Tischen oder gar silbernes Tafelgeschirr? Oh nein, lautet die Antwort der bürgerlichen Klasse. Dafür gäben sie ihr Bestes. Da sie selbst Handel trieben, sei es natürlich, dass sie den Norden mit Gaben aus dem Süden belebten. Und dass sie Bacchus huldigen, dem Schöpfer des Weinstocks, versteht sich von selbst.

Auch ihre Spiele sind prächtig. Mehr als 20 000 Menschen feuern im Amphitheater die Gladiatoren an und während im Circus maximus die Jünglinge ihre vierrädrigen Wagen atemberaubend schnell und haarscharf um die Ecksteine der Rennbahn herumsteuern, vergessen die begeisterten Zuschauer – die Reichen, die Armen, die Mächtigen und der Kaiser selber –, dass die Mosel weit im Norden gelegen ist. Mädchen sind gekommen, mit Blüten in ihrem langen Haar. Wo sonst könnten sie ihre Liebsten treffen, wenn nicht im Circus, dem schönsten jenseits von Rom?

Rechtwinklig verläuft das Straßennetz. Wo Cardo und Decumanus maximus sich kreuzen, ist das Forum, der gewaltige, langgestreckte Marktplatz. Hier pulsiert das Leben, blüht der neueste Klatsch, und wer baden will, hat es nicht weit bis zur Therme. Plagiate griechischer Statuen, hineingestellt in die Nischen der Außenfassaden, verraten puren Hellenismus. Im Inneren steigt warme Luft die Wände entlang. Kostbar sind die Materialien: verschwenderischer Marmor, Stuckdecken, Malereien und Säulen – prachtvoll wie im Süden. Überall sind steinerne Körper zu sehen. Auch Amor, der Schelm, verschießt schon wieder seine Pfeile! Blendend weiß schimmert die Haut der Frauen – sie tragen nichts als ihre üppigen Frisuren. Die reine Anmut wandelt durch die Hallen. Auf prächtigen Kissen ausgestreckt lassen sie sich von ihren Sklavinnen die Haare flechten. Und ihre Nasen, sind sie keltisch oder römisch? Wer weiß das schon. Provinziell, das steht fest, sind sie jedenfalls nicht.

Kann man sich eine Gegend vorstellen, in der es nahe der Grenze zum kalten Germanien eine solche Stadt gab? Man kann. Mehr als zweitausend Jahre sind vergangen und doch vermag man Treveris' Menschen vor sich zu sehen, die Frische ihrer Augen, den Frohsinn ihres Lachens oder ihre Melancholie zu erahnen, denn in Trier erzählen alte Gemäuer ihre Schicksalsmelodien: in den Villen außerhalb der Stadttore, im Palast des Kaisers, vor den Heiligtümern, in den Gassen, beim Fest für Bacchus, den sie lieben.

Ausgelassen ist er und zügellos! Anders als Apoll, der zur Schönheit gebändigt die Musen küsst. Bacchus frönt allein dem Rausch, doch er muss sich mit Apoll verbinden, erst dann ist das Paradies wirklich nichts als lustvoll.

Augusta Treverorum steht nicht mehr. Von den Römern gegründet, den Franken erobert, zum ersten Bischofssitz auf deutschem Boden erhoben, von den Normannen zerstört, kurfürstlich geweiht, von französischen Revolutionsheeren erstürmt, schließlich preußisch, wieder französisch, dann deutsch geworden kennt Trier wie keine zweite Stadt in Deutschland den Zeitenwandel. Der Weinstock allerdings und Bacchus sind geblieben! Und auch ein Hauch von Süden – wenn der Wettergott, die Menschen, der Wein und der Gesang mitspielen.

Dass Johann Wolfgang von Goethe Trier ein „Pfaffennest" nannte, das können die Trierer gelassen hinnehmen, war es doch seit dem frühen Mittelalter die Kirche, die den Wein als Kult fortführte. Sie waltete nach dem Abziehen der Römer als neue Herrscherin und besaß die meisten Weinberge in der Region. Die unterirdischen, mitten in Trier gelegenen Weinkeller der „Bischöflichen Weingüter" etwa oder die der „Vereinigten Hospitien", die heute noch über einen Stollen aus der Römerzeit tief in der Erde verfügen, veranschaulichen eindrucksvoll das, was man unter Kontinuität im Wandel versteht und was in Trier kein Medium besser transportieren könnte als der Wein – selbst über Jahrtausendwenden hinweg. Dazu passt auch, dass die UNESCO die römischen Großbauten Triers sowie den Dom 1986 zum Weltkulturerbe der Menschheit erklärte. Und vielleicht hat auch die Geburtsstunde von Vita in Vino, VIV, am 12. April 2002 die große Zukunft, die Baron von Hobe Gelting dem Zusammenschluss von 31 ambitionierten Weingütern an der südlichen Mosel, von Trier bis Metz,

„Die Sonne gibt der Landschaft das unverwechselbare Gesicht."
Weinberg im Sommer

voraussagt. Die von den Römern eingeführte Elblingrebe, die bisher in dieser Region als Massenträger oder als Sektgrundwein verwendet wurde, soll nun nach höchsten internationalen Qualitätsmaßstäben ausgebaut und profiliert werden. Man wolle den Elbling, diese einzige gebietstypische Besonderheit, die man habe, zu dem machen, was er wirklich sei: ein ausgezeichneter Wein, so heißt es.

Dass Grenzen wirklich nur in den Köpfen existieren, beweist die internationale Ausrichtung von VIV: nämlich Weingüter zu vereinen, die sich der Qualität verschreiben wollen – ob von der oberen Mosel um Trier, aus Luxemburg, dem Saarland oder aus dem französischen Lothringen –, ist da eher nebensächlich.

In solch qualitätsorientierten Kategorien muss auch der große Jacques-Louis David, Kunstpapst des französischen Klassizismus, gedacht haben. „In der großen Zahl der Schüler, die ich ausgebildet habe, (hat) niemand in irgendeiner Zeit mehr Talent als der junge Ramboux gezeigt", gesteht David 1812 einem Freund. Johann Anton Ramboux, 1790 in Trier geboren, ist gerade mal 22 Jahre alt und bereit, seinem Domizil, das Pariser Quartier Latin, den Rücken zu kehren, um in seine Heimatstadt Trier zurückzugehen. Den Skizzenblock unter den Arm geklemmt, streift er um

1814, und noch einmal in den zwanziger Jahren des romantisch angehauchten 19. Jahrhunderts, durch Trier, den Spuren der Römer folgend, setzt mit lockerem Schwung den Bleistift aufs Papier und hinterlässt uns die schönsten Zeichnungen und Lithografien der unsterblichen Überreste der Römer. Seine Landschaften vor antikem Hintergrund etwa, oder die noch erhaltenen und im Wallraf-Richartz-Museum in Köln aufbewahrten Entwürfe zu Wandgemälden für einen Saal im Hause des Weinguts „M. J. Hayn" in Trier, treffen sehr gut die geheimen Stimmungen und Sehnsüchte der Menschen. Sie sind geeignet, die Blütezeit des Weinbaus und des Weinhandels an der Mosel, das ausgehende 19. Jahrhundert, nicht nur der Vergessenheit zu entreißen, sondern sogar neu zu beleben.

Und vielleicht trifft ja auch zu, was der Historiker Ernst Wahle mutmaßt, wenn er sagt: „So tritt unter dem antikisierenden Firnis, der oft auf den ersten Blick ganz römisch aussieht, bei näherem Zusehen das Unitalische zutage." Es ist eine Kulturlandschaft, die unter der Gebietsbezeichnung Mosel-Saar-Ruwer gemeinsam firmiert – mit römischen Wurzeln, aber einem höchst eigenwilligen Profil!

Während der Baron von Hobe Gelting an der oberen, südlichen Mosel auf den Elbling setzt, schwören andere an Saar, Ruwer, mittlerer und unterer Mosel auf die Rieslingrebe, die Königin der weißen Rebsorten, die seit dem Mittelalter an der Mosel und ihren Nebenflüssen zur Reife kommt und die nirgendwo sonst auf der Welt so filigran bereitet wird wie hier. Die besten all dieser Weine kommen einem Mysterium gleich. Sie haben so viel Geheimnisvolles, so viel Charme, dass man sie zum Essen, aber auch ganz ohne Zutat genießen kann. Und sie sind so facettenreich wie die Orte, die Lagen, die Weingüter und die Winzer, die die Trauben kultivieren und Jahr für Jahr den „neuen Wein" komponieren.

Dass es in den achtziger Jahren des letzten Jahrhunderts eine Zeit der Skandale gab und man nicht nur hinter vorgehaltener Hand statt vom Wein von „Zuckerwasser" sprach, gehört der Vergangenheit an. Und was sind schon die Skandale der Achtziger angesichts von zweitausend Jahren Weinkultur und der Qualität von heute?

Die Mosel nimmt das alles gelassen hin. Sie entwindet sich im weiten, langgestreckten Becken um Trier, dieser ältesten Stadt Deutschlands, die so etwas wie ein Freilichtmuseum ist, dort, wo mit dem Spaten der Historie die Epochen der Geschichte tief eingegraben wurden. Neben-, in- und übereinander lassen sie sich erkunden, während sich der Fluss ruhig stromabwärts bewegt, in uraltes Schiefergebirge tief eingeschnitten seine Schleifen zieht. Vorbei an Weindörfern, die sich unter grauem Schieferdach lang und schmal zwischen Wasser und Felsen schmiegen und deren Geschichten wie Melodien herüber klingen. Auch kommt es zum kokettierenden Spiel mit der ihr zufließenden Saar und der Ruwer, die nicht minder um die Gunst des Weintrinkers buhlen.

Alles hat seine besondere Eigenart: schön, eindringlich, verhalten, still, unvergesslich und doch leicht.

Terroir oder Kann denn Erde sinnlich sein?

Clara Viebig hätte dieser Eigenschaft heftig widersprochen. Und Karl Marx sicherlich auch. Kannten sie doch die Kehrseite der Medaille des ländlichen Lebens am Fluss und im Tal. Decimus Magnus Ausonius aus Bordeaux hingegen, der in der Antike als Weiser lehrte, Dichter war und in Treveris dem ältesten Sohn des römischen Kaisers Valentian I., genannt Gratian, nicht nur Manieren beibrachte, sondern ihn auch in die hohe Schule der Rhetorik einwies, würde nicht lange zögern und nicken. Er brachte hier die vortrefflichsten Verse zu Papier.

Flötenschwingend könnten Hirten den Erdgeist beschwören, der den Rebensaft hervorbringt, so spürt man beim ersten Tropfen. Man muss fühlen, riechen, schmecken, sobald der Wein entkorkt ist und der Sauerstoff die Aromen freisetzt. Weinpäpste wie Hugh Johnson etwa oder Stuart Pigott können in blinder Verkostung treffsicher das Terroir benennen, in dem der Wein gewachsen ist, den sie charakterisieren sollen.

Terroir ist das, was dem Wein seine ganz eigentümliche, charakteristische Landschaftsnote gibt, jenseits der internationalen Moden oder Trends, dem Feind aller regionalen Individualität. Terroir heißt Heimat, Boden, Erde, Klima, Relief, Weinberg. In ihm spiegeln sich uralte geologische Schwingungen wider. Man muss sich schon die Augen reiben und Geschmackssinne schärfen, um zu begreifen, dass hier eine der klassischen Kulturlandschaften der Welt auf den Schultern der noch viel älteren Erdgeschichte ruht – und dass die Minerale des Urgesteins ihre Blume entfalten, sobald der Wein ins Glas fließt. Buntsandstein, Keuper und Muschelkalk, Grauwacke, harter Quarzit- und weicher Tonschiefer – das alles muss man sich auf der Zunge zergehen lassen! Nicht, dass Keuper oder Muschelkalk an der Obermosel keine rassigen Weine hervorbrächten, die besondere ätherische Eleganz der Rieslinge aber, die an der Mittel- und Untermosel an den steilen Schieferhängen oder den Unterläufen von Saar und Ruwer gedeihen, gilt als unübertroffen. Man schmecke den Schiefer im Wein, wusste Rudolf Binding in seinem Klassiker „Moselfahrt aus Liebeskummer“ herzergreifend zu berichten. Man rieche ihn, wenn der Regen flüchtig sei und die Sonne seine porösen Schichten wärme, heißt es da und man glaubt dem Autor. Ja, man möchte ihm gratulieren zu seinen Worten, die Wein und Landschaft beschreiben. Und fast überkommt einen der Gedanke, dass sein Buch – und natürlich auch der ihm nachfolgende Film – die Extrakte der Trauben auf Papier und die Leinwand pressen konnten. Hier hat jemand das Weinwort des Jahres 2003, das Kultwort „Terroir“ vorweggenommen und mit irdener Sinnlichkeit umhüllt.

Michael Hornickel, Chefverkoster der Zeitschrift *Weinwelt*, bringt es auf den Punkt, wenn er erklärt, dass Terroir nicht nur die Einflüsse von Lage, Klima und Boden bezeichne, sondern auch den Menschen, der den Weinberg bewirtschafte, mit einschließe. Auf dessen Philosophie komme es entscheidend an, denn das, was man unter Terroir verstehe, sagt er, könne man nicht aus Trauben eines chemisch neutralisierten Weinbergs plus Kaltgärung erzielen, selbst wenn das modern und verstandesmäßig logisch sei. Dass somit zwischenzeitlich in den Medien oft von Weinmachern statt von Winzern gesprochen wird, sollten wir deshalb mithin getrost zur Kenntnis nehmen.

„Zurück zur Natur!“, hatte Jean-Jacques Rousseau befohlen. Ich ziehe mir die Wanderstiefel an und steige – Rousseaus aufklärerisches Gedankengut im Sinn – die Weinberge hinauf, um die Erde mit eigenen Händen zu fühlen. Das also ist sie, die lebenserfüllte oberste Schicht der Erdoberfläche, von der die individuelle Note des Weins abhängt. Ein höchst eindrucksvolles Gebilde ist das, was da braun gekrümelt und stahlgrau gebröckelt durch meine Hände gleitet. Ein Spatenstich hinein ins Erdreich eröffnet den Einstieg in die Bodenhorizonte, bis hinab zum unveränderten Muttergestein, dem Ausgangsmaterial des Bodens. Festes und lockeres Grundgestein verwittert und fügt sich unter den Bedingungen des pflanzlichen und tierischen Lebens, das in Milliarden von Zellen auf die Erde einwirkt, aber auch im wechselvollen Spiel von Luft, Wasser und Sonne, zu einem in sich geschlossenen System.

In einer Hand voll Erde wimmelt es von Leben: Spross- und Wurzelorgane der Pflanzen, Insekten, Würmer, Schnecken, unzählige Mikroorganismen befinden sich darin. Auf sie kommt es an. Sie sind entscheidend an der Ausbildung des Humus beteiligt. Und der ist wichtig, stellt er doch das Reservoir für die Stick-

„Reste von alten Weinbergsmauern zwischen den Felsenrippen."
Blick vom Weinberg auf die Mosel

stoffverfügbarkeit des Bodens dar. Hinzu kommen Eisen, Kalzium, Kalium und Magnesium, all diese wichtigen Minerale, die im Schiefer enthalten sind. Ein höchst spannendes Gefüge physikalischer, chemischer, biotischer Gesetze und Ab-, Um-, Aufbau- und Anlagerungsprozesse ist das, was sich da in Verbindung mit Luft und Wasser permanent in der Erde vollzieht.

André Dominé, Protagonist des hochwertigen, unverfälschten Weingenusses, vertritt die Auffassung, dass jeder Erdboden – vorausgesetzt, es handelt sich um einen besonders vitalen – eine ihm eigene Hefe- und Bakterienflora einschließe. Die Hefepilze und Bakterien, die bei der Gärung in Aktion treten würden, erklärt er, befänden sich auch auf den Beerenhäuten. Mithin setze der Ausdruck „Terroir" voraus, dass die Mikroorganismen unbeeinflusst agieren könnten, um später den Gärungsprozess zu befördern, ohne dass es notwendig werde, die im Handel erhältlichen Hefepilze hinzuzufügen.

Ob bereits die Römer das alles so genau wussten? Wenn es stimmt, dass die Verkehrsinfrastruktur, die sie einst in Gallien aufgebaut und später der Nachwelt hinterließen erst zu Beginn des 20. Jahrhunderts wieder die Ausmaße erreichte, die sie zu dieser Zeit einmal hatte, dann müssen sie es gewusst haben.

Ganz schön steil ist der Hang, in dem ich mich befinde. Mindestens um 40 Grad geneigt. Tief verwitterte Böden können sich hier gar nicht erst ausbilden, das verhindert die Erosion, die bei Neigung ununterbrochen vor sich geht. Hier wird das Anfangsstadium der Bodenentwicklung nicht überschritten. Sogar nacktes Gestein liegt an der Oberfläche. Die Minerale des Schiefers können sich ungehemmt entfalten.

Ich stehe in einem Südhang, dort, wo die Trauben die intensive Sonneneinstrahlung erhalten. Begierig nimmt der Schiefer die Wärme in sich auf; er speichert tagsüber die Temperaturen und gibt sie nachts wieder an die Reben zurück. Hier können die Trauben langsam reifen, bis das Jahr zur Neige geht. Die Lese darf spät beginnen; die Trauben mögen reifen, überreif werden und den Rieslingen einen Charakter, den kein Wein der Welt nachahmen kann, verleihen. „Scharzhofberg" bei Wiltingen an der Saar oder „Kanzemer Altenberg", „Brauneberger Juffer", „Bernkasteler Doctor", „Eitelsbacher Karthäuserhofberg", „Erdener Prälat", „Wehlener Sonnenuhr", „Trittenheimer Apotheke", „Ürziger Würzgarten", „Bremmer Calmout" oder etwa „Winninger Uhlen", das sind nicht nur klangvolle Namen – das sind auch ruhmreiche Weinberge, Weinbergslagen an Mosel, Saar und Ruwer. Davon künden unzählige Weinstöcke und sie stehen für das Potenzial von Terroir und Weingenuss schlechthin.

Die Stille, die den Hang umgibt, in dem ich stehe, wird vom Lokalkolorit eines örtlichen Spielmannszugs unterbrochen, dessen musikalische Ausdruckskraft von weit unten bis hinauf in den Weinberg dringt. Es scheint, als versuchten die einzelnen Weinbaugemeinden, die auch heute noch ihrem Schutzheiligen huldigen wie einst die Römer ihrem Bacchus, mit alter Sitte dem globalen Weinweltmarktseinerlei trotzig zu widerstehen. Und noch beim Abstieg ins Tal, kurz bevor die Sonne hinter den Bergen verschwindet, fällt mir ein, dass es einmal eine Zeit der zornigen jungen Männer gab, die mit eingefahrenen Regeln brachen, um zu den wahren Traditionen zurückzufinden.

Nirgendwo fand dieser Aufschrei der Jungen an der Mosel so viel Widerhall wie in Leiwen selbst, dort, wo die Rebellion aufkam. Wer durch diesen Ort hindurch und in die Weinberge hinauffährt, der ahnt, dass das Ziel der bereits zu Lebzeiten legendären

„Leiwener Jungwinzer", deren Schläfen heute längst ergraut sind, das Aufbrechen von rückwärts gewandtem Bewusstsein für überlieferte Werte war. Hier spricht man nicht moselländisch oder moseltypisch, hier ist man anders, führt doch die römische Weinstraße schnurstracks zu den Wurzeln der abendländischen Kultur. „Ad fontes" würden die Römer sagen und es scheint, als gäbe die Weinqualität von Winzern wie Gerhard Grans und anderen, die damals heftig aufbegehrten, diesem Anspruch Recht. Ob denn Erde sinnlich sei, will ich von ihnen wissen. Sie lachen. Sinnlichkeit beginne zuallererst im Kopf, lautet die verblüffend klare Antwort.

Und jetzt will ich es genau wissen und erfahren, was es damit auf sich hat. Ich kehre mit Freunden im Wein- & Tafelhaus Oos in Trittenheim, das Grans gehört, ein. Wir genießen den ersten lauen Abend im Mai, draußen auf der Terrasse. Die Sonne lässt den auf der gegenüberliegenden Moselseite greifbar nah erscheinenden Weinberg, die „Trittenheimer Apotheke", goldgrün schimmern. Er gilt als eine der besten Lagen, auch Grans besitzt dort Weinstöcke. Bis zum Fluss sind es nur einige Meter. Nur wenige Minuten noch wird das goldgrüne Spiel bestehen. Zeitgleich, kurz bevor der Feuerball endgültig entschwindet, wird uns das Süppchen von Fischen mit Safran serviert. Die Gläser klirren: Es ist, als habe Alexander Oos das Farbenspiel des Weinbergs finessenreich gerade zur rechten Zeit auf die Teller gezaubert und Gerhard Grans den dazu passenden Wein servieren lassen.

Grans würde mit seinen Rieslingen tolle Kunststücke hervorbringen, ist in der Zeitschrift *Vinum* zu lesen. „GaultMillau" rechnet ihn zur deutschen Spitze. Er pflege einen eigenwilligen, aber immer sehr beeindruckenden Stil, heißt es da. Ein untrügerisches Merkmal sei, dass seine Weine eigentlich immer Spaß machten ... Und der Weingroßhändler „Hawesko" attestiert dem Riesling „Cuvee 9" viel lebendige Frucht und saftigen Schmelz.

Weine, das weiß der Weinpapst Hugh Johnson zu erzählen, seien weitaus leichter einzuschätzen, als die durch sie ausgelösten Sinneseindrücke zu kommunizieren. Nahezu alle Bezeichnungen des Geschmacks seien anderen Wahrnehmungen entlehnt. Indem man sie mit bestimmten, schon erfahrenen, ähnlichen Empfindungen verknüpfe, würden sie aber helfen, die Geschmackswahrnehmung des Weinliebhabers zu schulen und zu verfeinern.

„Damals (...) als das Jahrhunderthochwasser (...) alles bisher bekannte Unbill in den Schatten stellte (...).“ Flutkatastrophe Weihnachten 1993

Rieslinge von den Schieferformationen der Steillage lassen sich so wie sonst kein zweiter Wein mit den südlich anmutenden Früchten wie Aprikose, Pfirsich und Zitrone assoziieren. Dass Grans' Weine darüber hinaus feinen Schliff und elegante Säure enthalten, davon kann man sich hinreichend überzeugen. Auch die Küche lässt keine Wünsche offen. Die Erregung aller Geschmackspapillen strebt bei Kaninchenrücken und Spargelrisotto dem Höhepunkt entgegen.

Dass die Mosel nicht nur die Rolle des zarten, lieblichen Flusses, sondern auch die des fürchterlichen Ungeheuers zu spielen versteht, wenn ihre schlammigen Fluten sich durch alle Ritzen hindurchzwängen, erzählen wir uns bei Topfenknödel auf Rhabarberkompott. Damals, vor mehr als zehn Jahren, als das Jahrhunderthochwasser in der Zeit um Weihnachten 1993 alle bisher bekannte Unbill in den Schatten stellte, war zu erleben, dass die Mosel ein Fluss ist, der die ganze Leidenschaft fordert, bedingungslos. Wie könnte man aber aufhören, die Mosel zu lieben, da sie uns so verwöhnt? Genauso wie die Saar und die Ruwer, die ihre Gaben wunderbar ergänzen.

Wein- & Tafelhaus Oos

Hauptgericht
Gebratener Kaninchenrücken auf Spargelrisotto
Zubereitet von Alexander Oos

Dazu empfiehlt Gerhard Grans
Catherina vom Weingut Grans-Fassian aus Leiwen.
Der feinherbe M-S-R Riesling-Cuvée unterstreicht den Geschmack des leicht süßlichen Kaninchenrücken und des schmelzigen Risotto.

Zutaten für 4 Personen

Für dieses herzhafte Gericht brauchen Sie 600 Gramm Kaninchenrückenfilets, 4 Esslöffel Olivenöl, 1 kleinen Bund Rosmarin, 1/2 Knoblauchzehe und 50 Gramm Butter.
Für das Spargelrisotto besorgen Sie 500 Gramm Spargel, 400 Gramm Risottoreis (z. B. Arborio), 100 Gramm Schalottenwürfel, etwas Olivenöl, 1/8 Liter trockenen Weißwein, etwa 1 1/2 Liter Spargelfond (oder 1/2 Liter Spargelfond und 1/2 Liter Geflügelfond), 150 Gramm Butter, 150 Gramm geriebenen Parmesan, Saft von 1/2 Zitrone, 1 kleinen Bund fein geschnittenen Schnittlauch, 1 Prise Zucker.

Zubereitung in ca. 45 Minuten

Die Kaninchenrückenfilets salzen, pfeffern und leicht in Mehl wenden. Rosmarin und Knoblauch zusammen mit dem Olivenöl in eine Pfanne geben und mäßig erhitzen. Die Filets in dem aromatisierten Olivenöl leicht anbraten. Nach etwa 1 Minute das Fleisch wenden und weitere 2 Minuten braten. Zum Schluss die Butter zugeben und den Kaninchenrücken in der Pfanne ruhen lassen.
Den geschälten Spargel in leicht gesalzenem Wasser mit Zitronensaft, Butter und etwas Zucker abkochen. Den fertigen Spargel in kaltem Wasser kurz abkühlen lassen und in kleine Stücke schneiden. Den Spargelfond beiseite stellen. Die Schalottenwürfel in Olivenöl hell anschwitzen, Reis zugeben und glasig rösten. Mit

Wein ablöschen und diesen völlig reduzieren lassen. Den noch warmen Spargelfond nach und nach zugießen, sodass der Reis immer bedeckt ist. Unter ständigem Rühren ca. 18 Minuten garen lassen. Danach die geschnittenen Spargelstangen zugeben, Butterflocken und Parmesan unterrühren. Mit Salz, Pfeffer und Zitronensaft abschmecken. Zum Schluss den Schnittlauch zugeben und anrichten.

Serviervorschlag

Risotto in die Mitte des Tellers als Sockel geben. Die Kaninchenrückenfilets jeweils 1 mal schräg aufschneiden und auf das Risotto setzen. Eventuell mit Spargelspitzen und Kerbel garnieren.

Tipp

Wegen der längeren Garzeit zuerst das Risotto vor- und zubereiten. Danach den Kaninchenrücken braten.

Das erwartet Sie

Das Wein- und Tafelhaus Oos liegt direkt an der Moselpromenade in Trittenheim. Von dort aus kann man den herrlichen Blick auf den berühmten Weinberg „Trittenheimer Apotheke" bei einem schönen Glas Wein aus dem Weingutshaus und köstlichen Speisen genießen.
www.grans-fassian.de

Man muss ihn lieben, den Berg

Der 1921er war ein Jahrhundertwein. „Im heißen Sommer (jenes Jahres) trockneten Bäche und Flüsse aus, sodass sich in der Mosel die Hungersteine zeigten und der Fluss zu Fuß und mit Fuhrwerken passiert werden konnte. Bei der Lese begann der Most bereits in den Bütten zu gären", erzählt Felix Meyer später kenntnisreich über die Geschehnisse damals im Weingut „Von Othegraven", unten an der Saar. Das Kelterfest war in einem Rausch von Liedern und Tänzen, die die lange, harte Arbeit für einen Augenblick vergessen machten, zu Ende gegangen. Fuder Nr. 12, die hochfeine Auslese, avancierte drei Jahre später, 1924, auf der Rheinland-Ausstellung in Köln zum besten Mosel-Saar-Ruwer-Wein überhaupt.

1921 war das Jahr, in dem das Beste vom Besten wuchs und Max von Othegraven das bisher von seinem Onkel, Carl Weißebach, verwaltete Gut in Kanzem an der Saar übernahm und Franz Weißebach, Carls Bruder, mit dem 21er Jahrgang später in Trier für Furore sorgte. Der Bau eines Krematoriums solle der Preis für das stattliche Legat des 21er Jahrhundertweins vom Kanzemer Berg an die Stadt Trier sein, ließ er die Stadtväter wissen, doch falls dieser Wunsch drei Jahre nacheinander abgelehnt werde, solle stattdessen von dem Erlös ein Volkspark geschaffen werden. Das Krematorium wurde natürlich nie gebaut, was Franz Weißebach vorausgesehen hatte, doch durch den Volksgarten zu promenieren ist heute noch möglich. Denn Franz Weißebach legte mit seinem Vermächtnis den Grundstein für die barocke Gartenanlage in Trier, die als Palastgarten das Kurfürstliche Palais und die Konstantinbasilika nach Süden hin arrondiert. Die Historie gehört zum Weingut „Von Othegraven" wie der Bischof zu der ältesten Stadt in Deutschland. Selbst das Weingut zählte einmal zu seinem Eigentum.

Gleichmäßig, sanft gleitend, fließt die Saar ihrer Mündung in die Mosel entgegen. Bis dahin, nach Konz, sind es nur mehr wenige Kilometer. Flaches, baumbestandenes Uferland säumt den Lauf des Flusses. Eine Brücke, Kanzem hinter sich lassend, überquert einen Altarm der Saar und kurz bevor die Straße zum rechten Ufer des Altarms hinführt, wird ein schmaler Weg sichtbar, die Weinstraße. Sie mündet auf romantischen Pfaden geradewegs im Weingut „Von Othegraven".

Das Gutshaus, imposant und unaufdringlich, ist mit der Natur harmonisch verwoben. Ganz so, als warte es darauf, wiederentdeckt zu werden, um seine eigenwillige Geschichte zu erzählen: Bis zu ihrem Tod, 1995 im Alter von 95 Jahren, habe Maria, die Frau Maximilians von Othegraven, das Weingut in eigener Regie geleitet, erzählt Heidi Kegel, die Nichte und jetzige Inhaberin. Dass sie ihren Chefarztkittel in Köln an den Nagel gehängt hat, um das Gut zu erhalten, betrachtet sie als ihre Pflicht. Die Entscheidung fiel im selben Jahr. Von da an ging alles Schlag auf Schlag. Sie kämpfe mit dem „Mut der Verzweiflung", attestierte ihr Daniel Deckers so auch in seinem Buch „Zur Lage des Deutschen Weins" und meint ihre Entschlossenheit. Deckers zielte mit dieser Bemerkung auf den „Kanzemer Altenberg", der sich unmittelbar hinter dem Anwesen majestätisch in die Höhe streckt, ab.

Er ist nach Süden ausgerichtet, geschützt gegen die rauen Nordwinde, birgt besten Schieferverwitterungsboden und ist extrem steil. Hugh Johnson und Stuart Pigott haben den Altenberg in ihrem „Atlas der deutschen Weine" als Lage erster Klasse an der Saar ausgewiesen. Das heißt, die Weine von hier entsprachen einem französischen „Grand Cru". In der renommierten Revue du Vin de France wird sein Terroir sogar mit dem des Scharzhofbergs, der hervorragendsten Lage an der Saar, verglichen.

Doch es drohte Ungemach. Die Flurbereinigungsbehörde plante einen Weg quer durch den Mittelhang des Altenbergs. Und zwar genau dort, wo das Weingut „Von Othegraven" über wurzelechte Rieslingreben verfügte. Wurzelechte Reben sind das Gegenstück zu den reblausresistenten Reben. Sie haben die Reblauskatastrophe in der Mitte des 19. Jahrhunderts unbeschadet überstanden, sind heute in Europas Weinbergen eine Rarität. Und sie sind ein Geschenk, können doch gerade aus ihren Trauben äußerst extraktreiche Weine gekeltert werden. Die alten Reben sind träger, produzieren weniger Trauben. Dadurch konzentrieren sich in jeder einzelnen Traube der Zucker und alle wertvollen Bodenminerale. Heidi Kegel ließ das nicht mit sich machen. Sie kämpfte, und das hat sich gelohnt – man einigte sich gütlich, der Mittelhangweg ist längst vom Tisch.

„Terroir heißt Heimat, Boden, Erde, Klima, Relief, Weinberg."
Die Zusammensetzung des Bodens bestimmt den Geschmack des Weins

Sie wolle mit ihren Weinen wieder an die glanzvollen siebziger Jahre anknüpfen, als das Weingut „Von Othegraven" einen bemerkenswerten Jahrgang nach dem anderen vorstellte, so äußert Heidi Kegel im Sommer 2002 ihre ehrgeizigen Ziele für die nächsten Jahre. „GaultMillau" bescheinigte ihr bereits für die 1997er Kollektion die geglückte Renaissance. Im Herbst 2003 hält sie schließlich die begehrte dritte Traube des „GaultMillau", die ihr bereits in den Jahrgängen zuvor vorausgesagt worden war, in Händen. Heidi Kegel hat mit ihrem Entschluss, das Weingut 1995 neu zu bestellen, eine glückliche Hand bewiesen. Als Erste lobte damals Paula Bosch, Sommelière des Münchener Edelrestaurants „Tantris", die fulminanten Veränderungen, die sich im Weingut abzeichneten. *Der Feinschmecker* zählt ihre Weine heute zu den 100 besten Weinen der Welt.

Heidi Kegel ist eine Powerfrau mit Sinn für Traditionen und eine authentische Typizität, was für sie bedeutet, dass sie im Weinberg und im Keller auf Innovationen setzt – ausschließlich im Einklang mit der Tradition. Ihre Weine präsentieren sich frisch und feinnervig. Sie bestechen durch ihren filigranen Körper; die rieslingeigenen Zitronenaromen schwingen wunderbar mit. Wein ist für sie mehr als ein Produkt. Und auch ihr Kellermeister kann schon mal ins Philosophieren geraten, wenn vom Mythos „Wein" die Rede ist. „Entstanden als Zufallsprodukt der Natur hat Wein den Menschen schon immer fasziniert", sagt er. „Trauben sind ein landwirtschaftliches Erzeugnis auf hohem Niveau, doch erst die Gärung schafft das Mysterium ‚Wein', wenngleich das biochemisch erklärbar ist." Die Biochemie jedoch macht das Faszinosum „Wein" allein nicht möglich. Und Heidi Kegel bekräftigt: „Man muss ihn lieben, den Berg." Gemeint ist ihr Kanzemer Altenberg, der Rieslinge hervorbringen kann, mit denen in Deutschland nur wenige Weine konkurrieren können.

Aus Liebe wurde Hingabe. Heidi Kegel kennt ihren Berg. Sie hat ihn gutsintern klassifiziert. Das gibt ihren Weinen noch mehr Profil. „Wirkliche Qualität entsteht nur durch das Streben nach Perfektion", sagt sie. Seit dem Jahr 2002 wird so das Lesegut aus den besten und ältesten Parzellen dieses wunderbaren Bergs als „Kanzem Altenberg – Erste Lage" ausgebaut. Die Trauben aus den nächstbesten Partien vermarktet sie unter dem Namen „Maximus". Heidi Kegel lächelt: „Er erinnert mich an meinen Onkel Maximilian von Othegraven, den Namensgeber des heutigen Weinguts."

Beschaulich fließt die alte Saar am Weingut vorbei, hinten am Ende des großzügig angelegten Landschaftsgartens, der das Gut zum Fluss hin begrenzt. Agaven, Feigen, Magnolien, Sumpfzypressen und Zedern, Trompetenbaum und Paulownia wiegen sich im Wind, während der Altenberg zu nachmittäglicher Stunde hinter dem Gutshaus in seinem irdenen, rotbraun-schwarzen Gewand brilliert.

Eine Klasse für sich

„Da ist es sehr einsam, hinten an der Saar", sagte der Schriftsteller Arno Schmidt über seine Wahlheimat, die durch ihre eindrucksvolle Landschaft jeden fesselt. Es gibt hier winzige Dörfer, die nicht mehr als mehrere Dutzend Einwohner zählen. Sie wirken nebeneinander aufgereiht wie ein Stillleben.

Das Land an der Saar vermittelt noch den Charme der alten Arbeit mit den Händen, obwohl die Winzer heutzutage mehr Zeit im Flugzeug verbringen, um ihre Weine überall auf der Welt zu vermarkten, als mit den Händen im Weinberg zu graben. Natürlich wird hier mit modernsten Maschinen gearbeitet. Und natürlich wird hier wie anderenorts um die Aufstockung der Rebfläche gerungen, weil nur bei vernünftiger Betriebsgröße wirtschaftlich produziert werden kann. Die Jagd nach den Parzellen in den besten Lagen ist in vollem Gange.

Dennoch wirkt das Land in diesem Seitental der Mosel wie eines der letzten stillen Reservate des Weins in einer schnelllebigen, lauten, ja manchmal sogar skurrilen Weinwelt. Hugh Johnson sagte einmal: „Hier, im kalten Winkel des Landes, wird der Kampf um den Zucker in den Trauben am hartnäckigsten geführt. Und nur in drei oder vier von zehn Jahren wird er ganz gewonnen. Dann aber entsteht einer der überragenden Weißweine der Welt, der Schluck für Schluck bezaubert." Johnson spielt natürlich nicht bloß allgemein auf die Saarweine an, sondern er blickt speziell auf die Rieslingweine des Weinguts „Egon Müller-Scharzhof" unweit von Kanzem, die nicht nur zu den berühmtesten, sondern auch zu den teuersten Weißweinen der Welt gehören. Das kommt nicht von ungefähr, gründen sie doch im „Scharzhofberg", jener Weinlage bei Wiltingen, die wie wenige andere Lagen weltweit ohne Ortsangabe auf dem Etikett genannt wird. Legendär ist die Lage, legendär ist die Familie Müller, legendär ist die Qualität der Weine.

„Der beste Mosel reift an der Saar" – ein Glaubenssatz, der dank der Weine des Weinguts „Egon Müller-Scharzhof" um die Welt geht. Stuart Pigott gebrauchte sogar die Metapher vom Herrn und Diener. „Wir unterwerfen uns dem Berg", habe Müller ihm offenbart. Der „Scharzhofberg" sei der Herr und er, Müller, sein

„Naturnaher Weinbau"
Erntehelfer mit geschulterter Hotte

Diener. Pigott ergänzte: „Seine Stimme klang dabei rücksichtslos, erbarmungslos gegenüber sich selbst."

Ich denke dabei an harte Arbeit, an den gnadenlosen wie beständigen Kampf gegen die und mit der Natur, getrieben von dem einzigen Ziel, die äußerste Qualität des Weins zu garantieren, das ganze Potenzial dieses außergewöhnlichen Bergs vollkommen zu erfassen. Auch an rauhen, unnachgiebigen Pioniergeist, obwohl die Müllers schon seit Generationen den „Scharzhofberg" genial bestellen. Aber immer wieder ist alles neu zu erkämpfen. Ein Winzer mit eisernem Willen und profundem Verstand – so stelle ich mir Egon Müller vor, als ich das beschauliche Land der Saar durchquere und nach Wiltingen fahre. Wiltingen liegt wie Kanzem an einem Altarm der Saar, der vom heutigen „Schifffahrtsweg Saar" abgeschnitten ist.

Das Ortsschild Wiltingen ist zu sehen. Ausgangs des Dorfs steigt die Straße steil an, sie führt zum „Scharzhof". Der 317 Meter hohe Scharzberg, der sich als Weinlage „Scharzhofberg" hinter dem Scharzhof majestätisch aufbaut, hat etwas sehr Archaisches.

Egon Müller IV. übernahm 1985 in sechster Generation die Leitung des Schwarzhofs. Er ist unbestritten der König dieses Bergs, auch wenn außer ihm noch weitere namhafte Produzenten – die „Bischöflichen Weingüter" und die „Vereinigten Hospitien" in Trier oder „Reichsgraf von Kesselstatt" in Schloss Marienlay an der Ruwer, die hier ebenfalls Parzellen besitzen, einen beachtlichen Scharzhofberger hinlegen. Doch allein Egon Müller ist die Lichtgestalt an der Saar. Er gehört zur deutschen Avantgarde, wird jährlich im „GaultMillau" mit der höchsten Note, den begehrten fünf Trauben bewertet. Wer sie in seinen Händen hält, hat Weltklasse. Die Zeitschrift *Alles über Wein* zählt Egon Müller zu den 30 besten Winzern weltweit. Es sind vor allem Müllers edelsüße Gewächse, die bis auf den heutigen Tag in ihrer Eleganz unerreicht bleiben. Die Glücksmomente, einen solchen Wein einmal genießen zu können, sind rar, fallen die Flaschen traditionell im September auf Versteigerungen in Trier doch regelmäßig Scharzhofberg-Jägern in die Hände, die für diese kleinen Meisterwerke im Dienste des höheren Genusses horrende Summen ausgeben.

Einen Wein von ihm zu probieren, ist schwierig. Es gibt keinen direkten Verkauf an den Endverbraucher. Das Weingut ist überwiegend auf den Export ausgerichtet. Aber: Weinhandlungen wie etwa „Wein und Glas Compagnie“ in Berlin, „Frischmarkt Zickuhr“ in Köln, „Alois Dallmayr“ in München und natürlich auch „Fritz Steinlein“ in Trier-Olewig halten ein kleines Scharzhof-Sortiment bereit. Wer also auf diesem Wege in den Genuss eines „Scharzhofbergers“ aus dem Hause Egon Müller kommen möchte – man kann die Weine dort erwerben oder sie via Telefon und Internet ordern –, der hat die Chance, ihn sogar noch nach zehn bis fünfzehn Jahren zu öffnen. Diese filigranen zarten Weine, und doch von einer großen eleganten Fülle der Bukettstoffe geprägt, offenbaren ihren ganzen Charme gerade im fortgeschrittenen Alter. Wenn die Weine anderer Lagen schon kippen, startet ein „Egon-Müller-Scharzhofberger“ mit seinem Potenzial erst so richtig durch. Darauf freilich muss man warten können.

Egon Müller lächelt wissend, als er einen 1993er Scharzhofberger Kabinett – in verdeckter Probe – ausschenkt. „Zeit ist das Geheimnis des Erfolgs“, sagt er. Ich nehme den ersten Schluck und weiß sofort, dass Zeit zu haben und warten zu können etwas ganz Besonderes ist und zu ganz besonderen harmonischen Genüssen führt. Müllers Weine schreien nicht, sie sind fein und leise.

Noch während ich diese vielschichtigen, filigranen Bukettstoffe auf mich wirken lasse, erzählt Egon Müller die Geschichte des Scharzhofbergs und des Weinguts, die in grauer römischer Vorzeit begann, als der berühmte Berg noch Scharzberg hieß und die Geschichte des Weinguts wechselhaft war. Das änderte sich schlagartig, als Jean-Jaques Koch, der Ururgroßvater Egon Müllers, das Weingut 1797 ersteigerte.

Koch war Mönch des Klosters St. Marien ad Martyres mit Sitz in Trier gewesen, als die napoleonische Säkularisation links des Rheins das klösterliche Leben beendete. Er dachte um, legte die Kutte ab, erwarb aus dem konfiszierten Eigentum des Klosters, das auch Besitz in Wiltingen hatte, oberhalb des Dorfs das Weingarten- und Kelterhaus samt der dazugehörigen Stallungen, Scheune und Reblagen – den heutigen Scharzhof mit den Lagen im Scharzhofberg – und heiratete Anna Maria Colmes, die aus der fernen Bastogne kam. Mit ihr ließ er sich auf dem Scharzhof nieder. Damit fing die Ruhmesgeschichte an, es ging stetig bergauf.

Die Stellung Egon Müllers IV. an der Weltspitze der Weinerzeuger ist freilich nicht allein eine Reminiszenz früherer Generationen; sie ist hart erarbeitet. Keiner der anderen Winzer, die Lagen im Scharzhofberg besitzen, sagt Stuart Pigott, unterwerfe „sich dem Berg mit derselben Kompromisslosigkeit“, wie Egon Müller IV. es tut. Diese Liebe zum Berg geht mit einer geradezu ins Leidenschaftliche gesteigerten Geduld einher. Sorgfältig, ohne Hast bearbeitet Egon Müller das Rebland, das in seine Hände gelegt worden ist. Zu den sieben Hektar Weinbergsfläche – es sind die Filetstücke des steilen Scharzhofbergs – kommen fünf Hektar in der Spitzenlage „Wiltinger Braune Kupp“ hinzu, deren Weine in Müllers zweitem Weingut, „Le Gallais“, vermarktet werden. Sie sind fruchtig, feinherb, rund. Diesen beiden Gütern an der Saar stellte Müller vor kurzem noch ein drittes zur Seite: „Château Béla“ mit Sitz an der Donau, in der Slowakei. Aber das ist ein Kapitel für sich.

Die erstklassigen „Scharzhofberger“ tragen die unverwechselbare Handschrift des Weinguts. Egon Müller bringt seine Philosophie auf die Formel: „Allein der Scharzhofberg und die sorgfältige und konsequente Arbeit, die in ihm verrichtet wird, gibt vor, welcher Wein entstehen kann. Im Keller kommt es einzig darauf an, diese Gabe der Natur so zu vollenden, dass nichts von ihr verloren geht.“ Die moderne Weinbautechnik spielt im Scharzhof die Rolle, die ihr zukommt. Sie wird dann eingesetzt, „wenn sie der Qualität dient und nicht um der Maschinen selbst willen.“ Das sagte bereits Egon Müller III. Diesem Grundsatz bleibt auch Egon Müller IV. treu. Im Scharzhof wird eben kein Wein erzeugt, hier entsteht Weinkultur.

Nichts als leben

„Glaubst du also, dass ich allen Grund habe, diesen Landsitz zu meinem allerliebsten Aufenthalt zu machen?", fragte Plinius einen Freund, nachdem er ihm seine laurentinische Villa, die südlich von Rom lag, beschrieben hatte und nur noch ein klares Ja von seinem Gegenüber hören wollte. Solcher Art Fragen, die eigentlich keine sind, weil die Antwort schon implizit ist, könnten sich im 2. Jh. n. Chr. an der Mosel und an ihren Nebenflüssen viele Römer gestellt haben. Die Vorlieben waren längst deutlich. Denn es wimmelte hier nur so von Palästen, Herrenhäusern, Villen und großzügigen Landsitzen, weil die Lage so imposant war.

Insgesamt wurden bis heute achtzig solcher Villen aus der Antike ausgegraben. Die wohl schönste unter all diesen Luxusbauten ließ ein wohlhabender Italiker in Nennig errichten und man kann dort eine Vorstellung davon bekommen, wie man so lebte, damals vor mehr als 2000 Jahren.

Nennig liegt nicht weit entfernt vom Lauf der Saar an der Mosel. Hier, im Dreiländereck, ist es nur einen Katzensprung bis zu den Städten Luxemburg, Saarburg, Trier oder selbst bis nach Metz in Frankreich. Der kleine Ort liegt an der alten Römerstraße, die von „Mettis", so nannten die Römer das heutige Metz, nach Augusta Treverorum führte. Die Grundmauern der römischen Villa dort und ihr prachtvoller Mosaikfußboden, der in der repräsentativen Empfangshalle des damaligen Anwesens prunkte, ziehen meinen Blick auf sich. Erneut werden die antiken Protagonisten sichtbar.

Man lebte als echter Italiker vorzugsweise in den Sommermonaten auf dem Lande, weil die Temperaturen hier erträglicher, das Leben angenehmer und die Freuden genussreicher waren als etwa in der Metropole Augusta Treverorum, wo Handel und Staatsgeschäfte viel Staub aufwirbelten und einem die Luft zum Atmen nehmen konnten. Sie liebten den üppigen Luxus, diese römischen Beamten und Unternehmer, die zahlreich in den Norden gekommen waren, um ihr Glück zu machen. Und sie bewiesen Stil: Ihre Villen stachen in ihrem feinen Karmesinton samt hellroter Dächer, die meist auf zahlreichen Säulen ruhten, sehr vornehm aus dem satten Grün der Landschaft hervor. Man

„So schön, so lieblich ist das Land."
Reife Traube am Weinstock

gab sich als etwas Besonderes und hob sich von den Treverern gerne ab. Deren Landhäuser trübten nicht selten die angestrebte Ästhetik.

Und damit nicht genug: Die Römer schmückten ihre Prachtanwesen mit leuchtenden Wandmalereien, mit üppigen Gärten, lauschigen Sommerhäuschen und weitläufigen Wandelhallen, künstlichen Grotten, mit abgeschiedenen Ruheplätzen, dunkelgrünen Teichen und wassergefüllten Bassins. Man lebte und pflegte das schöne Leben. Alle Herren trugen, wie im tiefen Süden, die Toga, und ihre Gattinnen bekleideten sich mit der Tunika. Man las die antiken Schriften und philosophierte beim Mahl darüber; während man sich beim Essen behaglich auf dem Speisesofa ausstreckte, sich gekonnt auf den linken Unterarm stützte und mit der erhobenen Rechten den Gefährtinnen die Becher mit eindeutiger Geste entgegenhielt. Diese hatten, ganz römische Lebensart, auf Korbsesseln Platz genommen.

Echte Italiker schwelgten aber nicht nur in kulinarischen Genüssen, sie teilten gerne auch andere Freuden mit ihren zahlreichen Gästen. Zum Beispiel die blutrünstigen Spiele in der Arena. Diese gehörten zu ihrem Leben einfach dazu.

Ist das ein vornehmer Mann von feiner Bildung, der ein Vergnügen daran findet, wenn ein chancenloser Mensch von einer wilden Bestie zerfleischt oder wenn einem prächtigen Tier ein Jagdspieß vor aller Augen durch den Leib gerammt wird? So kann man sich fragen und wird keine rechte Antwort finden, auch wenn man berücksichtigt, dass das antike Menschenbild ein ganz anderes war. Der elegante Mosaikfußboden der römischen Villa in Nennig gibt in mehreren Medaillons einzelne Szenen der Gladiatorenkämpfe und Tierhetzen wieder, die in Augusta Treverorum, im Amphitheater, nicht weniger brutal vonstatten gingen, als diejenigen, die im fernen Süden das Volk von Rom in höchste Erregung versetzten: „Wärter und Löwe", „Peitschenkämpfer", „Gespeerter Panter", „Tiger und Esel", „Gladiatoren" und „Musikanten" so setzen sich die Motive zusammen.

Das Mosaik zählt man zu den schönsten, größten und besterhaltenen nördlich der Alpen und schätzt, dass zirka drei Millionen Steinchen benötigt wurden, um dieses elegante Kunstwerk erschaffen zu können. Seinem ehemaligen Eigentümer sagt man nach, dass er ein Mann von hoher Bildung und edler Gesinnung gewesen sei. Noch einmal: Was veranlasste einen Menschen wie ihn, seine Villa mit solch blutrünstigen Szenen auszuschmücken? Die Antwort kann nicht lauten, dass alle Römer die Dinge eben so sahen.

Cicero kommentierte diese unmenschliche Seite des römischen Lebens lapidar: „Wir, die es sahen, sahen nichts Neues." Und doch: Beim intensiven Betrachten der Medaillons, die mit pflanzlichen Farben aufgebracht und feinen Mustern wie Blüten, Ranken und Flechtbändern eingerahmt sind, kann man auch der schaurigen Schönheit dieser Szenen etwas abgewinnen; der Anmut der Kämpfenden und der Spannung der Situation. Leben und Sterben ganz nah beieinander.

Was dachten wohl der Gladiator und der Tierkämpfer, als sie mit vor Angst klopfendem Herzen in der Arena den Kampf aufnahmen, während der Jubel der tobenden Menschenmasse in den Gebirgen der Sitzreihen über ihnen aufbrandete? Dieser Kampf, um nichts als das nackte Leben, im Brüllen in der Arena, war eine Tragödie. Doch der Tierkämpfer, der in den Mosaikmedaillons in Nennig verewigt ist, siegt über den Panter, er blickt zur Sonne

Victor's Gourmet-Restaurant Schloss Berg

DESSERT
GEKÜHLTE GRAPEFRUITSUPPE MIT GEEISTEM GRAPEFRUITSCHAUM UND KARAMELLISIERTER GRIESSCHNITTE
Zubereitet von Sternekoch Christian Bau

Dazu empfiehlt Gastgeber Christian Bau
TRIERER BURGBERG, RIESLING EISWEIN VOM WEINGUT BECKER AN DER MOSEL.
Die natürliche Süße des Weins unterstreicht die Aromen der Süßspeise besonders fein.

ZUTATEN FÜR 4 PERSONEN

Für den Grapefruitschaum benötigen Sie 500 Gramm frisch gepressten Grapefruitsaft, 400 Gramm Zucker, 2 Blatt Gelatine, 200 Gramm Eiweiß, 150 Gramm Zucker, 50 Gramm Wasser und 400 Gramm halbsteif geschlagene Sahne.
Für das Grapefruitsüppchen besorgen Sie bitte 100 Gramm Zucker, 100 Gramm weißen Portwein, 750 Gramm rosa Grapefruitsaft, Abrieb und Saft von einer Mandarine, 9 Gramm Geleepulver, 1 Esslöffel Honig, etwas Vanillemark und etwas Zitronensaft.
Um die Grießschnitte zubereiten zu können, brauchen Sie 250 Milliliter Milch, 50 Gramm Zucker, 1/4 Vanillestange, 1/4 Zimtstange, Abrieb von 1 Zitrone und 1 Orange, 75 Gramm Hartweizengrieß, 1 1/2 Eigelb und etwas Butter. Außerdem etwas Minze und Orangenjulienne zur Garnitur.

ZUBEREITUNG IN 40 MINUTEN

Für den Grapefruitschaum etwas Saft erwärmen, 250 Gramm Zucker und die eingeweichte Gelatine darin auflösen. Dann restlichen Grapefruitsaft zugeben und die Flüssigkeit einfrieren. Nebenbei den restlichen Zucker und das Wasser aufkochen, Eiweiß aufschlagen und damit ein Baiser herstellen. Das Baiser vorsichtig in das Sorbet einarbeiten und die Sahne unterheben. Den Vorgang auf Eiswasser möglichst schnell ausführen.

Für die Grießschnitte Milch und Zucker zum Kochen bringen, Vanillemark, Zimt, Orangen- und Zitronenschale dazugeben. Grieß einrühren und Masse leicht abbrennen. Etwas abkühlen lassen. Dann mit einem Kochlöffel Eigelb in den lauwarmen Grießbrei rühren. Masse zwischen Klarsichtfolie beliebig dick ausrollen, alles auf ein Blech geben und gut auskühlen lassen.

Für das Süppchen Zucker karamellisieren, mit Portwein ablöschen und sofort Grape- und Mandarinensaft, Abrieb und Vanillemark dazugeben. Leicht köcheln lassen, bis das Karamell aufgelöst ist. Dann Geleepulver einrühren, kurz aufkochen, passieren und mit etwas Zitronensaft und Honig abschmecken.

Aus der Grießmasse mit einem runden Ausstecher Halbmonde ausstechen und goldgelb anbraten, mit Butter nachschwenken und mit Puderzucker oder gemahlenem braunen Zucker schön karamellisieren.

Serviervorschlag

Die Halbmonde in kleinen Schälchen anrichten. Das Süppchen auf 4 Suppenteller verteilen, mit einem Löffel je 3 Nocken Grapefruitschaum abstechen und sternförmig in der Mitte des Tellers anrichten. Die Nocken mit einigen Orangenjulienne und der Minze garnieren.

Tipp

Seien Sie nicht beunruhigt, wenn der Zucker beim Karamellisieren hart und klumpig wird, die Klumpen lösen sich nach einiger Zeit durch die Hitze von selbst auf.

Das erwartet Sie

Victor's Gourmet-Restaurant Schloss Berg ist in Nennig zu Hause. Im Ambiente des fürstlichen Schlosses werden Kompositionen und Kreationen der klassisch-französischen Küche serviert. Dazu werden erstklassige Weine angeboten. Wer es lieber etwas rustikaler mag, wird sich in der „Scheune", die ebenfalls auf Schloss Berg beherbergt ist, wohl fühlen. Dort kann man sich mit ausgesuchten regionalen Weinen und köstlichen Speisen verwöhnen lassen. Moselweine können direkt beim Winzer oder im hauseigenen Weinkeller probiert werden. www.victors.de

hinauf und hebt seine Hand. Er streckt sie der Menschenmasse über ihm, wie um Anerkennung bittend, entgegen. Ich mache es für euch und mein Ansehen, scheint er zu sagen, was hätte es sonst auch für einen Sinn?

Ich wandle durch den Garten der Villa und lasse mich unter einem Kirschbaum und später unter einem der Olivenbäume nieder. Es ist schön, der Geschichte so nah zu sein. Gestern und Heute zu spüren.

Im nahe gelegenen Örtchen Perl warten Genüsse ganz anderer Art. „Victor's Gourmet-Restaurant Schloss Berg" und Sternekoch Christian Bau laden ein.

Das wunderschön restaurierte Wasserschloss aus dem 12. Jahrhundert beherbergt auch „Victor's Residenz-Hotel Schloss Berg" und bietet damit herrlich Raum, um länger zu verweilen.

Das Hotel Schloss Berg liegt auf einem Hügel an der Mosel und ist von Weinbergen umgeben. Der Ort könnte schöner nicht sein, um die feinen Speisen der Küche einzunehmen, die gekühlte Grapefruitsuppe mit geeistem Grapefruitschaum und karamellisierter Griesschnitte oder die Gänseleber mit Nüssen, das Rosinen-Sauternes-Gelee und den warmgeräucherten Lachs mit feiner Vinaigrette und Kaviar. Das Landgasthaus „Die Scheune" gehört ebenfalls zum Hotel Schloss Berg. Hier ist die Küche ein wenig einfacher, ländlicher, aber nicht weniger qualitätvoll. In jedem Fall: man muss unbedingt, gleichgültig ob man im Gourmetrestaurant zu Tisch sitzt oder in der „Scheune" einkehrt, die Weine von Mosel, Saar oder Ruwer wählen, die die Speisen aufs Beste komplementieren.

Römische Fontäne

Rainer Maria Rilke

Zwei Becken, eins das andre übersteigend
aus einem alten runden Marmorrand,
und aus dem oberen Wasser leis sich neigend
zum Wasser, welches unten wartend stand,

dem leise redenden entgegenschweigend
und heimlich, gleichsam in der hohlen Hand,
ihm Himmel hinter Grün und Dunkel zeigend
wie einen unbekannten Gegenstand;

sich selber ruhig in der schönen Schale
verbreitend ohne Heimweh, Kreis aus Kreis,
nur manchmal träumerisch und tropfenweis

sich niederlassend an den Moosbehängen
zum letzten Spiegel, der sein Becken leis
von unten lächeln macht mit Übergängen.

Dreis • Eitelsbach • Morbach • Naurath
Bernkastel-Kues • Mülheim • Lieser

Die leichte, elegante Art

Saar und Ruwer – beide Seitentäler haben ihren Charme. Sie sind Refugien für Landsitze und ländliches Leben, für die Liebe zu Tieren, Pflanzen und besonders Reben – selbst wenn Mutter Natur den Trauben in all ihrer Güte nicht nur mildes Klima im Frühlingsmonat Mai schickt, sondern schon mal garstigen Hagelschlag statt eitlen Sonnenschein beschert. Wie heißt es doch bei Heinrich Heine über die Unbill des deutschen Lebens: „In unserem Lande ist es sehr frostig und feucht, unser Sommer ist nur ein grün angestrichener Winter, sogar die Sonne muss bei uns eine Jacke von Flanell tragen." Und tatsächlich: Es gibt trotz zunehmender Sonnenstunden manchmal Jahre hier, in denen spüren die Winzer, dass die beißende Ironie des größten deutschen Lyrikers zwischen Romantik und Realismus nichts als lebensnah ist.

Der Inhaber des Weinguts Karthäuserhof in Eitelsbach, Christoph Tyrell, ist einer von ihnen, einer der fähigsten. Er ist im Alleinbesitz des Karthäuserhofbergs im beschaulichen Ort Eitelsbach, in jenem idyllischen Land an der Ruwer, die unweit von Trier in die Mosel mündet und die Weingüter dort die harten Gesetze des Wettstreits lehrt. Der Karthäuserhofberg hat es in sich: Sein feinschiefriger, mineralischer Verwitterungsboden mit hohem Eisenanteil – Eisenadern durchziehen den gesamten Berg und lassen den Boden rötlich schimmern – verleiht den Trauben im Rebhang jene Note, die die Weine des Karthäuserhofs so begehrenswert macht. So duftig leicht, so elegant sind sie. Christoph Tyrell hat ein Weinsortiment geschaffen, das zu den begehrtesten Deutschlands zählt. Er wirke „wie ein Seiltänzer über den Widrigkeiten der Natur", erwidert er auf die Frage, was für ihn als Winzer die größte Herausforderung sei.

Der Feinschmecker kürte Christoph Tyrell zum Winzer des Jahres 1997. Die *ZEIT* und die *Frankfurter Allgemeine Zeitung* geben ihm ebenso gute Kritiken. Und der „GaultMillau" bewertet die Weine des Guts regelmäßig mit vier Trauben. Die Rieslinge aus dem Sortiment der fruchtigen Weine zählten bundesweit zu den zehn besten Auslesen des Jahrgangs überhaupt, wie insgesamt die Rieslinge des Karthäuserhofs durch ihre klare Mineralität und ihr gelungenes Süße-Säure-Spiel ein unvergleichliches Geschmackserlebnis offenbaren würden. „Wenn Tyrell gut in Form ist, kann ihm im Gebiet hier keiner so leicht das Wasser reichen."

Das sind Lorbeeren, auf denen sich einer wie Tyrell nicht ausruht. Wenn im Winter der Schnee schmelze und die Erde ihre ersten braunen Flecken preisgebe, wisse er, wo im Karthäuserhofberg das Beste vom Besten wachse, erzählt Christoph Tyrell und gesteht, dass Bescheidenheit für ihn das einzige Kriterium sei, um das Potenzial seines Weinbergs zu messen. Er weiß: Nur wer im Einklang mit den natürlichen Bedingungen des Weinbergs arbeitet und auch rigoros auf Masse verzichtet, kann dauerhaft Qualität erwarten. Von zentraler Bedeutung für ihn ist das Menge-Güte-Gesetz. Tyrell strebt nach Reduktion: Allein die Rieslinge stehen auf dem fein schiefrigen Verwitterungsboden im Steilhang, wo sich das optimale wachstums- und reifefördernde Mikroklima entwickelt. In den älteren Weinbergsparzellen ließ er vor Jahren jede dritte Rebzeile entfernen. Die Reben verfügen so über ein größeres Bodenpotenzial und haben eine reichere Ernährung. Um diese zu garantieren, werden im Karthäuserhofberg fast ausschließlich Pferdemist und andere Naturdünger ausgebracht. Das erhöht den Humusgehalt des Schieferverwitterungsbodens, der wie keine andere Bodenart als „Humusfresser" gilt, sichert die optimale Nährstoffversorgung der Reben.

Auch beim Rebschnitt geht Tyrell rigoros vor. Gnadenlos werden noch unreife Trauben während des Sommers herausgeschnitten. So wird der Ertrag der Rebe begrenzt. Ist der Ertrag klein, verteilen sich Zucker, Säure und auch die wertvollen Mineralstoffe auf wenige Trauben. Sie sind im Spätherbst äußerst extraktreich und gehaltvoll. Und bei der Lese ist schließlich nur das Beste gerade gut genug. Konsequentes Arbeiten wird belohnt: der „GaultMillau" wählte Christoph Tyrell zum Winzer des Jahres 2005.

Jurist hatte er werden wollen und er wurde es auch, bevor alles in ihm die Liebe zum Wein weckte. Das war 1987. Seitdem führt er den Eitelsbacher Karthäuserhof, das Weingut mit der ebenso langen wie aufreibenden Tradition in sechster Generation fort. „Ich bin gewohnt, die Wahrheit zu sagen", antwortet er auf die Frage nach seiner hervorstechendsten Eigenschaft. Und das hat ihm noch immer geholfen, die Tradition des Karthäuserhofs zukunftsfähig zu machen.

Von den Einmaligkeiten des Weinguts, bestehend aus einem Park mit alten Bäumen, einer Wasserburg aus dem 13. Jahrhundert und dem Gutshaus, erzählt ein Zimmer im Obergeschoss des stattlichen Hauses, dessen vier Wände eine traumhaft schöne Bildtapete schmückt, die schon allein eine kulturhistorische Besonderheit ist! Zu sehen ist die Stadtansicht von Lyon mit ihren Häuserzeilen am Fluss und ihren Weinbergen im Hintergrund. Sie erzählt in sattem Grün und tiefem Blau von dem heiteren Leben in nichts als dem köstlichsten Idyll – weidende Kühe und Ziegen am Ufer, promenierende Frauen und spielende Kinder, Wäscherinnen, Offiziere und Gewerbetreibende wecken Gefühle der Harmonie und man möchte gar nicht aufhören, sie anzusehen!

Valentin Leonardy, der Sohn eines Arztes aus Echternach und einer der Vorfahren Christoph Tyrells mütterlicherseits, hatte sie 1823 auf der Pariser Weltausstellung erworben. Überhaupt belebte er den Karthäuserhof, der seit dem 14. Jahrhundert in den Händen der Mönche des Karthäuserordens ruhte, mit französischer Lebensart und französischem Charme. Valentin Leonardy besaß jedoch nicht nur Sinn für die schönen Dinge des Lebens, er brachte in das Weingut in Eitelsbach, das er zum Stammsitz seiner Familie machte, auch die Philosophie des französischen Weinbaus ein. Seine ganze Sorgfalt und Liebe richtete er dabei auf die Veredelung der Rieslingrebe. Was aber nicht bedeutete, dass er darüber die Burgunderrebe vergaß. Valentin Leonardy legte den Grundstein für den Erfolg, der jetzt wirksam wurde. Riesling und Weißburgunder – so heißen die zwei Rebsorten, aus denen Tyrell seine Weine kultiviert.

Er sei Purist, gesteht Christoph Tyrell schlicht und nachdenklich. Ihm sei wichtig, das Geschmackserlebnis des Weins jedes Jahr unverfälscht, ganz in der Art des Terroirs seiner Weinlage, in die Flasche zu bringen. Man könnte denken, er knüpfe an die

„Der Charme der alten Arbeit mit den Händen."
Weinpflücker bei der Lese

Tradition der Mönche des Karthäuserordens an, die hier fast fünf Jahrhunderte lang – seit Kurfürst Balduin von Luxemburg ihnen 1337 das Hofgut schenkte – ihr Leben dem Wein und der Feldarbeit widmeten. Denn: Will man das Wesen des Tyrell'schen mit einem Bild auf den Punkt bringen, muss man ganz einfach Stuart Pigott zitieren, der sagt: „Fast meint man, wenn die Glocke des mittelalterlichen Turms im Hof die Stunde schlägt, die Mönche noch zwischen den Rebstöcken und in den Weinkellern werken zu sehen."

Man kann wirklich nicht widerstehen: Ein Duft von Erdbeeren, gelben Früchten und feinstem Honig durchströmt das historische Probierzimmer mit den alten Kacheln, auf denen Landschaften und Burgen des Mosellandes zu sehen sind, sobald Ludwig Breiling, der Kellermeister, die Flaschen entkorkt und die guten Geister des Karthäuserhofbergs ihre fruchtigen Aromen entfalten. Um jenes Terroir seines Weinbergs authentisch und unverfälscht zu bewahren, werden die Weine seit nunmehr zehn Jahren ausschließlich in Edelstahltanks ausgebaut. Das Reifen des Rieslings in Barriquefässern kommt bei ihm nicht vor. Dazu muss man wissen, dass neuerdings in manchen Ländern sogar geröstete

„Erfahrung und Fingerspitzengefühl"
Traubenlese in Handarbeit

Eichenholzspäne oder aus Kastanien gewonnene Gerbstoffe in die Tanks gegeben werden, um die echten Gerbstoffe der teuren Barriques zu ersetzen. Nur um sich den Marktwünschen zu beugen. Die Weine sind dann günstiger zu haben, aber ein Kuss für Bacchus ist das beileibe nicht.

Die Zurückhaltung Christoph Tyrells gegenüber neuen Trends bedeutet nicht, dass auf dem Karthäuserhof nicht mit modernster Technik gearbeitet wird, aber er wählt nur Sinnvolles aus und lässt sich nicht von Moden beeindrucken. So wurde bei der 2002er Lese erstmals ein Traubenwagen eingesetzt, der gewährleistet, dass die Früchte unverletzt auf die Presse gelangen. Der Wein bleibt so frei von unerwünschten Bitterstoffen, die das betörende Geschmackserlebnis des Weins unliebsam ins Gegenteil verkehren.

Der Karthäuserhof ist übrigens das einzige Weingut auf der ganzen Welt, das seine Weine nur mit einem Halsschleifenetikett ausstatten darf. Das Gutswappen mit der Meerkatze im Mittelpunkt, die das Wappentier der Karthäusermönche ist, gibt Tyrells Weinen das unverwechselbare Gesicht.

Im Herbst, immer wenn die Ernte bevorsteht, richtet Christoph Tyrell seinen Blick ganz konzentriert auf seinen Karthäuserhofberg. Jetzt hängt die Qualität des Jahrgangs ganz von der Gunst der Natur ab. Aber auch von der Erfahrung und dem Fingerspitzengefühl des Winzers. Das Spiel ist spannend. Die Spannung beginnt dann Tag für Tag neu, bis die letzte Bütte auf der Presse ist. Tyrell agiert – man kann ihm das ganz einfach glauben – wirklich wie ein Seiltänzer über der Unbill der Natur. Wie ihm dieser Drahtseilakt immer wieder gelingt, bleibt für die Augen der Genießer unsichtbar. Sie können das präzise Komponieren nicht sehen, sie müssen es einfach schmecken!

Ich verlasse den Eitelsbacher Karthäuserhof und fahre weiter die Ruwer entlang. Man gelangt von hier in den Hunsrück, das Mittelgebirge, das die Mosel auf ihrem Weg nach Koblenz zur Rechten begrenzt. In Naurath/Büdlicherbrück, im Wald, auf halber Höhe zwischen der Mosel und dem Hunsrück, im Dhrontal gelegen, laden Ruth und Harald Rüssel im Landhaus St. Urban zu Tafelfreuden und Weinseligkeit ein. Doch vor der kulinarischen Belohnung stehen die Mühen des Wanderns durch nichts als ursprüngliche Natur.

Aber bitte mit Esprit

Ich mühe mich über Schiefer, Sandstein und Lehm, durch üppigen Farn im Eichenwald. Den Spuren des Ausonius folgend gehe ich eine Teilstrecke der römischen Fernstraße, die einst ihren Ausgangspunkt in Bingen hatte und durch den Hunsrück nach Trier führte, den heutigen Ausonius-Wanderweg. Wie sagte doch Marcel Proust: „Die eigentlichen Entdeckungsreisen bestehen nicht im Kennenlernen neuer Landstriche, sondern darin, etwas mit anderen Augen zu sehen." Hier, auf dem Ausonius-Weg, marschierten damals nicht nur die römischen Soldaten oder klapperten die Hufschläge keltischer Händler, die eilfertig ihre Waren in den Süden brachten, auch Decimus Magnus Ausonius reiste 368 n. Chr. in kaiserlichem Gefolge auf dieser Straße, um anschließend seine Reiseerlebnisse, die eine Hommage an die Mosel – und natürlich an den Weinbau dort sind – zu Papier zu bringen.

Wandern durch den Hunsrück? Da muss ein kräftiger, mineralischer Wein in den Rucksack und die Reiseerlebnisse des Ausonius, die „Mosella", gleich mit dazu.

Aus der antiken Handelsstraße wurde ein Wanderweg, der durch Gegensätze besticht, die sich aber zu einem ungewöhnlich schönen Landschaftsbild zusammenfügen: goldgelbe Rapsfelder, unterbrochen von braunen Äckern und grünen Wiesen, breiten sich aus, sobald man aus der Wegführung des Waldes heraustritt und über die Bergkämme spaziert. Ein Höhepunkt des Ausonius-Wanderwegs ist zweifellos der im Jahr 2002 eröffnete „Archäologiepark Belginum" bei Morbach im Hunsrück, der didaktisch gut aufbereitet anschaulich macht, wie das Leben einer typischen Landgemeinde der keltisch-römischen Treverer unter römischer Herrschaft ausgesehen hat. Warum auch immer: Ausonius ließ das volkreiche Belginum in seiner „Mosella" unerwähnt. Was ihm echte Hunsrücker natürlich heute noch krumm nehmen. Die Siedlung „Belginum" bestand einstmals aus mehreren Dutzend langgestreckter Häuser, die auf steinernen Fundamenten ruhten. Hier wohnten Menschen, die an und von der Römerstraße lebten: Transporteure, Schmiede, Wagner, Gastwirte ... Natürlich gehörten auch Heiligtümer, Tempel und Kulttheater dazu.

Belginum zeigt zudem eindrucksvoll, wie sich die keltische Bevölkerung des Hunsrücks seit Cäsars Kommen zwar der römischen Lebensart und Kultur zuwandte, allerdings ohne ihre keltischen Wurzeln zu vergessen! Die Kelten waren stolz! Sie sollen ihren römischen Besatzern übrigens auch immer wieder heftigste Widerstände entgegengebracht haben. Was nicht verwundert, konnten sie doch auf eine Kultur verweisen, die in jenen Jahren bereits sehr fortgeschritten war und die ihnen Selbstbewusstsein verschaffte. So viel, dass die renommierte Leipziger Archäologin Sabine Rieckhoff mutmaßt, die Kelten hätten den Schritt zur Schwelle der Hochkultur im Eifel-Hunsrück-Raum im ersten vorchristlichen Jahrhundert bereits eigenständig vollzogen. Da soll noch einer sagen, der Hunsrück und die Eifel seien im Vergleich zur Mosel öde, fad und langweilig!

Die Sonne gibt der Landschaft das unverwechselbare Gesicht, die ihr eigene Farbe. Mittägliche Schönwetterwolken lassen heute darauf schließen, dass das Wetter stabil bleiben wird. Ich breite im Innenhof des „Belginums“ an den Stufen der Ränge eines Theaters, das einem römischen Vorbild nachempfunden ist, meine Picknickdecke aus. Einen Fernblick bis in die Eifel hinein bekommt man von der obersten Stufe. Gigantisch. Unten im Tal fließt die Mosel. Nicht zu fassen, dass Ausonius diesen Flecken Erde unerwähnt gelassen hat. Aber er liebte nun mal die Mosel. Wahrscheinlich hätte ihn nur der Blick auf den Fluss begeistert.

Während ich noch über Haag, Gräfendhron, Berglicht und Büdlich nach Naurath zum Landhaus St. Urban wandere, sichtet Ruth Rüssel dort schon die Weine für das abendliche Menü. Und ihr Mann, Sternkoch Harald Rüssel, rüstet sich mit viel Elan und immer gewürzt mit dem ihm eigenen Esprit, für die ländlich-mediterranen Tafelfreuden im hauseigenen Restaurant.

„Der zeitgemäße Küchenstil“, erfahre ich später von ihm, „stellt nicht allein Fleisch und Fisch in den Vordergrund, sondern beachtet auch den wichtigen Anteil von solchen Nebendarstellern wie Gemüse und Beigaben an der Ernährung.“ Und das fängt in Rüssels Landhaus beim täglich frisch gebackenen Sauerteigbrot an und hört noch lange nicht bei den Kräuterdekorationen auf.

Dass junge Spitzenköche wie Rüssel auch wissen, dass das Auge mit isst, sieht man, sobald man das Hotel betritt. Der Landhausstil

Landhaus St. Urban

HAUPTGERICHT

GEGRILLTE COQUILLES ST. JACQUES MIT SAFRANBOHNEN UND PETERSILIENWURZELMOUSSELINE IM ZUCCHINIKRANZ

Zubereitet von Sternkoch Harald Rüssel

Dazu empfehlen die Gastgeber Ruth und Harald Rüssel

RIESLING GOLD-QUADRAT VOM WEINGUT SYBILLE KUNTZ.

Der trockene, kräftige Wein mit Aromen von Honig, Aprikosen und einem Hauch von Pampelmusen kommt von Trauben von wurzelechten Reben verschiedener Einzellagen.

ZUTATEN FÜR 4 PERSONEN

Für die Petersilienwurzelmousseline brauchen Sie 200 Gramm Petersilienwurzeln, 40 Gramm Butter, 50 Gramm Knollensellerie, 150 Milliliter Sahne (33% Fett), 50 Milliliter Milch (3,5% Fett), Salz, Pfeffer, Muskat und 1 Spritzer Zitrone.
Für die Safranbohnen 120 Gramm Canellinibohnen, 20 Gramm Butter, 1 Schalotte, 1 Scheibe Bacon, 1 Zweig Bohnenkraut, 1/2 Zehe Knoblauch, 60 Gramm Wurzelgemüse, 80 Milliliter Sahne (33% Fett), 5 Gramm Weizenstärke, 50 Milliliter Brühe, Salz, Pfeffer, Safran.
Für den Zucchinikranz 2 kleine Zucchini oder 1 mittelgroße Zucchini.
Und außerdem 1 Zentiliter Olivenöl und 8 Jakobsmuscheln.

ZUBEREITUNG IN 35 MINUTEN

Die Petersilienwurzeln und den Sellerie in kleine Stücke schneiden und in Milch und Sahne weich kochen. Mit Salz, Pfeffer und Muskat abschmecken. Durch ein feines Haarsieb passieren und mit weicher Butter montieren. Nochmals abschmecken und gegebenenfalls mit Zitrone verfeinern.

Die Canellinibohnen über Nacht in Wasser einweichen und anschließend mit der Schalotte, 1/2 Knoblauchzehe und einer Scheibe Bacon, etwas Salz und Pfeffer kochen, bis sie weich sind.

Mit Brühe, Sahne und Safranfäden eine samtige Sauce kochen, leicht mit Weizenstärke binden und mit Salz, Pfeffer und Zitrone abschmecken. Die gekochten Bohnen in die eine Hälfte der Sauce geben und mit dem in kleine Würfel geschnittenen Wurzelgemüse verfeinern. Dem Rest der Sauce, die geschlagene Sahne und Butter – weich und in Flocken montieren – unterheben.

Für den Zucchinikranz schneiden Sie 1 Zucchini ein und blanchieren Sie sie im Ganzen. Sie muss jedoch bissfest bleiben. Anschließend auf einem gebutterten Ring die mittlerweile hauchdünn geschnittenen Scheiben hintereinander zum Kranz arrangieren. Diesen separat vor dem Servieren auf dem Teller temperieren.

Die Jakobsmuscheln halbieren und mit etwas Olivenöl von jeder Seite ca. 30 Sekunden grillen. Dann noch für 1/2 Minute bei 160 Grad Celsius in den Ofen geben, sodass die Muscheln noch glasig sind.

Serviervorschlag

Das Gericht wirkt besonders gut, wenn es auf großen weißen Tellern angerichtet wird, damit die Farben der Speisen zur Geltung kommen.

Tipp

Das Muschelfleisch sollte unbedingt vor der Zubereitung ca. 15 Minuten in kaltes Wasser eingelegt werden.

Das erwartet Sie

Das Landhaus St. Urban ist nahe Trier in Naurath im Dhrontal gelegen und damit unweit von Luxemburg. Wenn man dem Lauf des Dhronbachs folgt, führt dieser aus dem Tal heraus direkt an die Mosel. Früher war das Landhaus eine alte Mühle. Heute findet sich dort ein architektonisch interessantes Restaurant. Die Küche ist französisch-mediterran orientiert, ohne jedoch die ländlich-regionale Note zu vergessen. Weinfreunde sind herzlich eingeladen, im familieneigenen Weingut St. Urbans-Hof an einer Weinprobe teilzunehmen.
www.landhaus-st-urban.de

der alten Mühle wurde im Jahr 2000 neu gestaltet und modern interpretiert: minimalistisch, jung und so modern wie die Genüsse, die Rüssel mit Talent und Passion frankophil auf dem Herd kreiert: gegrillte Coquilles St. Jacques mit Safranbohnen und Petersilienwurzelmousseline im Zucchinikranz, Barberie-Ente im Brotteig mit Verjus-Schalotten-Ravioli in Sauce Financière oder etwa Verveinetörtchen mit Thymian-Nusseis ...

Rüssel arbeitet nur mit den besten Produkten qualitätsbewusster Zulieferer, möglichst aus seiner Region. Denn der kürzeste Weg des Produkts in die Küche, so weiß er, ist der beste. Höchste Qualität und Sorgfalt im Umgang mit den Produkten haben natürlich ihren Preis. Doch wer einmal Rüssels Küche genossen oder auch seine Kochworkshops besucht hat, erkennt deren Wert und schöpft die Kraft des ländlichen Lebens gerne mit der Kelle aus den Töpfen oder genießt sie dezent mit dem Gourmetlöffel im Restaurant.

Die großen Fenster dort lassen den Baum bestandenen Garten mit seinem stattlichen Weiher optisch ins Haus hinein und wer in der ersten Reihe sitzt, fühlt sich wie mitten in reiner Natur. Und doch ist alles anders, verfeinert, inszeniert wie großes Theater. In Rüssels Landhaus unterstreicht jedes Detail die Eigenheiten des besonderen Ortes, nichts ist nur dekoratives Beiwerk.

Eine Landpartie wie diese ist reines Glück. Gekrönt wird sie im Landhaus St. Urban mit weinseligem Ruhen. Es gibt unter anderem sieben anspruchsvolle Themenzimmer, bukolische Verlockungen des süßen Lebens: „Provence", „St. Jacques Suite", „Ein Bett im Kornfeld", „Sonnenblumen-Suite", „Im Olivenhain", „St. Pierre" oder ganz einfach „Weinselig" heißen sie. Venus dürfte in diesem Reich des bacchantischen Sinnengenusses ihre wahre Freude gehabt haben. Dafür hatte Bacchus in Einklang mit Amor immer schon gesorgt. Ich entscheide mich für das Zimmer, hinter dessen Tür sich die Sehnsucht eines jeden Wanderers erfüllt: „Ein Bett im Kornfeld"! Und ich frage mich, was denn dagegen spräche, die schönsten Tage des Jahres, den Urlaub, nicht auch hier, nahe der Mosel, zu verbringen?

Darf's auch philosophisch sein?

Die Mosel scheint die heitere Gemütsverfassung zu befördern, der gemütlichen Lebensart Raum zu geben, aber sich bisweilen manch Neuem schroff zu widersetzen. Kraftvoll bahnt sie sich ihren Weg in den Schiefer. Die Begrenzung der Landschaft kann einem allerdings schon mal die Luft zum Atmen nehmen. Bestimmt sie doch das gute ländliche Leben und Denken mitunter allzu sehr. So jedenfalls muss es der junge Nikolaus empfunden haben, als er sich wieder einmal mit seinem strengen Vater, dem Schiffseigner, Fischer und Kaufmann Johan Krebs aus Kues, überwirft. Zarte zwölf Jahre ist er alt, als er Haus und Hof den Rücken kehrt, um sich in der unübersichtlichen Welt des 15. Jahrhunderts auf die Suche nach dem Unendlichen zu begeben. Als Nikolaus von Kues sollte er, von Reformeifer getrieben, an den Grundfesten der Kirchennormen rütteln. Bald ist er Advokat, Theologe, Priester, Kirchenpolitiker, Philosoph, Bischof und Kardinal in Rom, ein Mann von Einfluss.

Humanismus und Frührenaissance postulieren eine neue Sicht der Dinge. Nicht nur in der Philosophie, sondern auch im gesamten Geistesleben gilt die Jagd nach antiken Autoren als letzter Schrei. Aristoteles wird vom Sockel gestoßen und Platon an seine Stelle gesetzt. Und Nikolaus von Kues vertritt das kopernikanische heliozentrische Weltbild und damit die Ansicht, dass die Erde, die sich täglich um ihre eigene Achse dreht, auch um die Sonne kreist. Schlimmer noch, er stellt sokratische Fragen: „Weißt du wirklich, was du zu wissen meinst...?" Und entlarvt die alles beherrschende gewaltige Lehre der Kirche als gelehrtes Nichtwissen.

So viel Aufmüpfigkeit wird bestraft und lässt ihn alle erdenklichen Höhen und Tiefen des menschlichen Seins durchleben. Aber: Wie tief er auch fällt, er steht wieder auf, wendet sich gegen die Kreuzzugsmentalität gegenüber Andersdenkenden, bleibt stets der Liebe verpflichtet, die nichts als den Ausgleich sucht, stillt seinen unendlichen Wissensdurst mit immer neuen Lektüren, entwirft eigene Schriften über die großen Fragen der Menschheit, kommt zu zentralen Einsichten über Gott und die Welt – und reiht sich zu jenen europäischen Geistesgrößen ein, die die neue Zeit prägen: Leonardo da Vinci, Erasmus von Rotterdam, Nikolaus

„Nebelschwaden künden vom Beginn der dunklen Jahreszeit."
Herbstlicher Frühnebel bei der Weinlese

Kopernikus, Johannes Kepler, René Descartes, Benedict De Spinoza, Jean-Jacques Rousseau...

Nikolaus' Wahlheimat heißt Italien. Und doch, im heißen Süden bleiben ihm die Erinnerungen an die Mosel und an Bernkastel-Kues, wo er seine Kindheit verbracht hat, lebendig. Hier errichtet er 1458, während einer seiner Aufenthalte in der Heimat das Cusanusstift, das Armenhospital zum St. Nikolaus und – im Gewölbe des Spitals – eine Bibliothek, die gewaltige Folianten-Kostbarkeiten birgt. Auch später kehrt er immer wieder dorthin zurück.

Nikolaus von Kues stirbt 1464 in Todi in Umbrien. Der Kardinal ist tot. Sein Herz, nicht sein ganzer Körper, so hat er verfügt, solle die Reise in die alte Heimat antreten. In der Kapelle seiner Stiftung in Bernkastel-Kues, unter einer Grabplatte, findet es seine letzte Ruhestätte und schlägt doch weiter, denn seine die Menschheit so weiterführenden Gedanken leben fort – bis heute.

Ich vertiefe mich in die Thesen seiner geistigen Hinterlassenschaft, versuche die Metaphysik zu begreifen. Sätze wie: „Protagoras hat etwas Großes gesagt, als er den Menschen als das Maß aller Dinge bezeichnete!" Oder: „Es ist in der Sonne Sonne, im Mond Mond, im Menschen Mensch." Sein Bestreben zielte stets auf Versöhnung der Gegensätze im Konsens; so er denn auch das göttliche Wesen als „Zusammenfallen der Gegensätze im Menschen" kennzeichnete. Dieses Zusammenfallen sei im Unendlichen zu erfassen, erweitert. Der Mensch als ein Mikrokosmos, der in sich eine Unendlichkeit trägt, die das Universum widerspiegelt? Verhält es sich nicht genauso beim Mythos „Wein"?

Ich lasse Bernkastel-Kues, diese viel besuchte kleine laute Stadt an der Mosel, hinter mir und fahre ins nahe gelegene Mülheim. Dort quartiere ich mich im „Weinromantikhotel Richtershof" ein. In diesem einzigartig schönen Gebäudeensemble, das inmitten einer aufwändig gestalteten Gartenanlage am Ufer der Mosel liegt, erlebe ich hautnah die Symbiose aus gelungener Architektur, die Barock, Gründerzeit und Jugendstil harmonisch mit feiner Lebensart vereint. Ein modernes Hotel, das unaufdringlich die Zeitläufte verkörpert. Der Richtershof ist eine Oase, die es gestattet, in stiller Abgeschiedenheit die Geheimnisse des Nikolaus von Kues aufzuspüren oder für ein paar Tage in die Geschichte der Region und in die Welt des Weins einzutauchen.

Das Restaurant des Richterhofs, das „Culinarium R" mit seinen Terrassen im Romantikgarten, setzt in herzlicher Atmosphäre auf eine innovative, regionale, frische Küche und auf Weine von internationalem Rang.

Wem der bloße Weingenuss am Tisch, im Restaurant, bei Speisen wie Schweinsbäckle auf Linsengemüse, Seeteufel im Brickteig oder Schokoladentarte mit Rosmarin-Jogurt-Eis, die Küchenchef Jörg Jakoby mit Liebe zum Detail anrichtet, nicht genügen, der kann die Tropfen einiger renommierter und international bekannter einheimischer Erzeuger auch in der Vinothek des Hotels, im „Forum Vinum", kosten, näher kennen lernen und sie zum original Winzerabgabepreis erwerben. Es werden zehn ausgewählte Weingüter vorgestellt: „Bauer", Mülheim; „Becker-Steinhauer", Mülheim; „Immich-Batterieberg", Enkirch; „Sybille Kuntz", Lieser; „Dr. Leimbrock", Mülheim; „Dr. Loosen", Bernkastel-Kues; „Paulinshof", Kesten; „Dr. Pauly-Bergweiler", Bernkastel-Kues; „S.A. Prüm", Wehlen; „Max Ferdinand Richter", Mülheim. Eine

Weinromantikhotel Richtershof

Vorspeise

Lauwarmes Schweinsbäckle auf Linsengemüse mit kleinem Salatbouquet serviert

Zubereitet von Chefkoch Jörg Jakoby

Dazu empfiehlt Sommelier Pascal Brizin Sebastian A. Riesling Reserve vom Weingut S. A. Prüm aus Wehlen an der Mittelmosel. Die zarte Süße bindet hervorragend den Balsamico-Essig ein, mit dem das Linsengemüse mariniert ist. Durch die lange Zeit auf der Feinhefe hat dieser Riesling viel Schmelz und Charme, sodass er hervorragend mit den Schweinsbäckle harmoniert.

Zutaten für 4 Personen

Für diese Vorspeise brauchen Sie 4 gepökelte Schweinsbäckle, 30 Gramm Butter, 1/2 gewürfelte Schalotte, je 100 Gramm gekochte braune und rote Linsen, 50 Gramm feine, blanchierte Gemüsewürfel (Karotten, Sellerie, Lauch), Rotweinessig, Salz, Pfeffer und etwas Kalbsjus.
Die Salatbouquets bestehen jeweils aus einem Blatt Lollo Bionda, Eichblattsalat, Friseesalat und Feldsalat. Für das Dressing benötigen Sie 2 Esslöffel Balsamico-Essig, 4 Esslöffel kalt gepresstes Olivenöl, Salz, Pfeffer aus der Mühle und etwas Zucker.

Zubereitung in ca. 50 Minuten

Die Schweinsbäckle in 1/2 Liter kochendes Wasser geben, die Hitze reduzieren und 45 Minuten leicht sieden, nach 20 Minuten den Salzgehalt des Wassers und des Fleisches durch eine Geschmacksprobe kontrollieren und eventuell das Wasser erneuern. Die Blattsalate putzen, in kaltem Wasser waschen und trocknen. Alle Zutaten für das Salatdressing in einen Mixbecher geben und aufmixen. Die Schalottenwürfel in der Butter anschwitzen, Linsen und Gemüsewürfel hinzugeben. Mit Rotweinessig, Salz und Pfeffer abschmecken.

Serviervorschlag

Das Linsengemüse in der Mitte des Tellers anrichten, Schweinsbäckle aufschneiden und sternförmig darauf legen. In die Mitte des Sterns das mit Dressing marinierte Salatbouquet aufstecken. Die Linsen mit etwas Kalbsjus umgießen.

Tipp

Die Schweinsbäckle kann man schon am Vortag kochen und dann im Kochfond erkalten lassen, damit sie saftig bleiben. Zum Servieren müssen sie dann einfach noch mal kurz erwärmt werden.

Das erwartet Sie

Das Weinromantikhotel Richtershof in Mülheim bei Bernkastel-Kues ist Teil eines historischen Gebäudeensembles aus Barock, Gründerzeit und Jugendstil. Es wird umgeben von einer großzügigen Parkanlage mit Kräutergarten, Romantikgarten, Teichveranda, Wasserfall und Teehaus. Im Restaurant „Culinarium R" erwartet Sie eine innovative regionale Küche. In Weinseminaren können Sie alles Wissenswerte über Wein erfahren und hinter die Kulissen der Weinerzeugung blicken. Ein weiterer Höhepunkt ist das historische Gewölbe des 1700 Quadratmeter großen Weinkellers von 1680, das heute das „Forum Vinum" beherbergt.

Der Richtershof bietet seinen Besuchern außerdem einen Wellnessbereich, Weinbergwanderungen, Kutschfahrten in historischen Landauern und viele weitere Aktivitäten.

www.weinromantikhotel.de

„Reife Trauben von wurzelechten Reben."
Ein Weinstock im Herbstnebel

Kellerführung mit anschließender Weinverkostung findet immer samstags um 18 Uhr oder nach individueller Vereinbarung statt.

Bei einem Namen halte ich inne: Sybille Kuntz, die Winzerin, die vor Jahren nicht nur die Jungwinzer und alten Hasen von der Mosel aufschreckte, sondern gleich bundesweit mit dem Idiom „die Hexe von der Mittelmosel" für Schlagzeilen sorgte, weil sie es verstand, einen hervorragenden Wein zu machen und ihn noch dazu bestens zu vermarkten. Sie ist lange schon keine Außenseiterin mehr und mittlerweile uneingeschränkt anerkannt. Sie hat aus dem elterlichen Betrieb – es handelt sich um eine der vielen kleinen und kleinsten Winzereien an der Mosel – 1984 ein völlig neu konzipiertes, innovatives Weingut gemacht und kontinuierlich zum Erfolg geführt. Ihr andersartiges, modernes Verständnis von Weinkultur und -philosophie spiegelt sich auch in Stil und Präsentation des Gutshauses sowie den Weinen wider. Alles verfügt über einen hohen Wiedererkennungswert. Sybille Kuntz steht für eine besondere Corporate Identity eines Weinguts, dessen gelungenes Gesamterscheinungsbild bereits mehrfach prämiert wurde. Ihr war bei ihrem Start vor zwanzig Jahren klar: Um auf sich aufmerksam machen zu können, muss man ganz einfach neue Wege gehen, sich vom üblichen abheben. Mut, Wille und Konsequenz waren dabei wichtige Wegbegleiter. Sie hat etwas geschaffen, was manch anderen nur mühsam gelingt und wichtige Pflöcke der Neuorientierung für eine ganze Region eingeschlagen. Damit wurde sie auch über die Mosel hinaus bekannt.

Der ehemalige Außenminister Klaus Kinkel machte sie sogar in Sachen Moselwein zur Sonderbotschafterin. Und im Ausland feiert man sie schon als „Queen of Riesling". Sie geht eben ihren eigenen Weg – geradlinig, kraftvoll und nichts anderem als der Qualität verpflichtet.

Also auf nach Lieser. Ich verlasse Mülheim und fahre ins gegenüberliegende Weindorf, ihren Heimatort, der nach dem kleinen Nebenfluss Lieser benannt ist, der, aus der Eifel kommend, dort in die Mosel mündet.

Hexen, Schlossgespenster und andere Geister

Decimus Magnus Ausonius. Der Klang der Stimme des Dichters und die Melodie seines Gesangs sind längst nicht mehr zu hören; allein der Klang des Wortes „Lesura“, so der römische Name des Flusses Lieser, den Ausonius in der „Mosella“ erwähnt, lässt die Erinnerung an die Schönheit des poetischen Gesangs erahnen. „Verweile, halte inne!“, scheint er zu bedeuten. Die Mosel formte hier im Spiel mit den Hängen der Eifelausläufer eine traumhaft schöne Landschaftskulisse, als sie vor mehr als 350 000 Jahren ihre Fließrichtung änderte, den nördlichen Hang durchstieß, sich abermals wendete, ins heutige Liesertal abbog und sich bei Lieser schließlich wieder in ihren Graben ergoss, so wie wir ihn heute vorfinden. Hier bliebe die Zeit stehen, um eine kleine Ewigkeit inne zu halten, möchte man meinen. So schön, so lieblich ist das Land hier. Sonnendurchtränkt, eingehüllt in ein glasgrünes Gewand ist der Fluss.

Ausgerechnet hier sollen Hexen gewirkt haben? Ich höre das Geschrei unten in den Gassen von Lieser, es ist von gespenstischer Hysterie, weil wild gewordene Eiferer eines theokratischen Regimes den Zaubertrank von Hexen begehren. So soll es sich zugetragen haben, als die Hexenverfolgung zutiefst mittelalterlich in den Dörfern entlang der Mosel wütete. Eine, die ganz bestimmt zur Feuerhölle verurteilt worden wäre, ist Sybille Kuntz – sofern sie in jenen finsteren Jahren auch so teuflisch gute Weine zu Markte getragen hätte.

Die gelernte Ökonomin, die lange in Wuppertal lebte, wandelt gern auf eigenwilligen Wegen, nicht erst seit sie Mitte der achtziger Jahre das kleine elterliche Weingut in Lieser übernahm. Doch diese Tatsache katapultierte sie endgültig in die Schlagzeilen der Gazetten. So schrieb die Zeitschrift *Wein & Geist* Hymnen über diese Frau, die nun so selbstbewusst und entschlossen einen anderen Weg ging. Ein Presseartikel jagt den nächsten: „Hier weht ein neuer Wind“, konstatierte schließlich auch die *Cosmopolitan*. Mit Recht. Denn Sybille Kuntz verstand es von Anfang an, ihre Vorstellung von Wein und Zeitgeist dem Weingut derart auf den Leib zu schneidern, dass allein der Name „Sybille Kuntz“ reicht, um ein ganzes Spektrum an neuen Entwicklungen zu meinen.

„Auf steinigem Schiefer und Quarzitverwitterungsboden."
Weinbau auf gemauerten Terrassen

Bacchus bringt jetzt endlich die Frauen auf die Bühne, will man glauben. Es ist aber immer noch etwas Unerhörtes, als Newcomerin in die eingeschworene Männerwelt der Winzer einzubrechen. Doch Bacchus gelang es, die Geeignete dafür an die Mosel zu entsenden – vielleicht, weil er die Seele der Frauen bis in ihre tiefsten Tiefen versteht. Und umgekehrt die Frauen auch ihn. Sybille Kuntz schaffte einen fulminanten Start und traf dann im richtigen Moment auch die richtige Herzensentscheidung: Heute stehen sie und ihr Mann Markus Kuntz-Riedlin, der Winzer aus dem Markgräflerland mit langjähriger Weinbauerfahrung in den USA, gemeinsam für den Ruf des sechs Hektar großen Weinguts „Sybille Kuntz" ein. Eigenwilligere Weine als ihre lassen sich an der Mosel kaum finden und auch keine mit einem persönlicheren profilierteren Marketing. Selbst in Berlin werden ihre Weine zu offiziellen Feierlichkeiten gereicht.

Sie ist die „erfolgreiche Vorreiterin eines untypischen trockenen Moselrieslings", konstatiert Hugh Johnson in seinem „Pocket Wine Book 2005". Sie habe dem Wein einen eigenen Willen gegeben. Können Hexen zaubern? Natürlich nur ein bisschen. Alles andere ist harte Arbeit und von guten Bedingungen abhängig. Die Basis für ihre besten Weine sind die reifen Trauben von wurzelechten Reben aus der Steillage „Lieserer Niederberg Helden" und der „Wehlener Sonnenuhr". Doch das allein genügt wohl immer noch nicht. „Die mit diesen Urrieslingen bepflanzten Parzellen werden mehrfach vorgelesen", erklärt sie, „so lange, bis nur die hochwertigsten, Rosinen gleichen Früchte voll intensiver Süße, am Rebstock hängen bleiben." Aus ihren Mosten entstehen Weine, deren Aromen ausdrucksstark und eigenwillig sind. Es sind trockene, mineralische Weine mit einem Hauch von Honig und Steinobst wie Aprikosen, Mirabellen und Quitten – Früchte, die in den Obstgärten der Mosel reifen.

Ihr besonderes Augenmerk richten die beiden Winzer auf ihre „neuen" Weine. Das sind der Riesling „Gold-Quadrat", der erstmals 1999 vinifiziert wurde, und der „Dreistern", die Steigerung zum goldenen Quadrat. „Diese zwei sehr mineralischen Tropfen sollen künftig mit internationalen Rieslingen, aber auch mit Chardonnay-Weinen konkurrieren", erklärt Markus Kuntz-Riedlin. Ihm sei bewusst, dass er damit gegen den Strom schwimme, doch hierin liege schließlich die Stärke des Weinguts.

Gero von Randow, Kolummnist der *Zeit*, kommentiert: „Sagen wir's mal so: Mosel ist Mosel, aber manche tanzen eben aus der Reihe und machen auch großartige Weine, nur eben welche des inversen Typs – nicht elfengleich, sondern kraftvoll wie Thor und sein Hammer." Peter Carey gerät beim dritten Glas Riesling Gold-Quadrat, das er während eines Abendessens im New Yorker In-Restaurant „Jean Georges" genießt, auch gleich ins Schwärmen und berichtet im Observer: „I was feeling rather sophisticated, even glamorous..." Gold-Quadrat und Dreistern, ungemein kraftvoll, stofflich und dicht – Mario Scheuermann stellt die Mutter aller Fragen: „Was ist daran noch Mosel?" Er verkostet und notiert: „Zwei Weine, die man sich merken muss, die ziemlich weit oben hin gehören auf die Liste der interessanten trockenen Rieslinge ihres Jahrgangs."

Kennen lernen kann man die Weinberge und die Weine des Weinguts „Sybille Kuntz" nicht nur beim Essen in ausgewählten deutschen und internationalen Restaurants, sondern auch bei einem ausgedehnten Spaziergang durch die Weinberge des Weinguts oder im Gutshaus, das am Moselufer liegt, bei einem Gespräch über Wein – begleitet von moselländischen Köstlichkeiten. Die regionalen Leckereien, die Sybille Kuntz bei solchen Gesprächen serviert, ordere sie bei Markus Plein im Restaurant „Altes Kelterhaus" in Wintrich. Markus Plein, verrät sie, habe sein Handwerkszeug bei Helmut Thieltges in Dreis im renommierten „Waldhotel Sonnora" gelernt.

Seine Künste haben mich restlos überzeugt. Und noch beim Abschied, wenn sich der Wein und der Hauch von Honig, Dörrobst und Aprikosen verflüchtigt, wächst in mir der Wunsch, bald einmal auch die Tafelfreuden des Helmut Thieltges selbst zu genießen. Ein exzellenter Ruf eilt ihm schließlich voraus.

Helmut Thieltges ist einer der besten und kreativsten Köche in Deutschland. Mit drei Sternen dekoriert. Er versteht es, dem Gast selbst die extravagantesten Wünsche zu erfüllen. Der Sauté von der Poularde in Moselrieslingsauce oder die gebratenen Seezungenfilets auf marinierten Gartenkräutern, die Thieltges im nahe gelegenen, ansonsten stillen Eifelörtchen Dreis serviert, werden nach allen Regeln der Kunst zelebriert. Speisen wie Gott in Frankreich nach Thieltges' Art ist schließlich etwas ganz Besonderes. Denn hierher reist man auch von weither, das Ziel nach langem Weg belohnt schließlich jede Mühe über die Maßen.

Ein Blick in Thieltges' Weinkarte und bald darauf der edle Tropfen im Glas, zeigen, dass auch er viele Weine aus dem Anbaugebiet Mosel-Saar-Ruwer für würdig hält, seine Speisen zu begleiten: Weine des Weinguts „Fritz Haag – Dusemonder Hof" in Brauneberg und „Joh. Jos. Prüm" in Bernkastel finde ich. Übrigens: Weine aus dem Weingut „Fritz Haag – Dusemonder Hof" sollen sogar gereicht werden, wenn Europas Adel zu Hochzeitsempfängen einlädt. Die weltberühmte Weinbergslage „Brauneberger Juffer-Sonnenuhr" ist die beste des Guts.

Während Wilhelm Haag aus ihr herrliche edelsüße Essenzen herausholt, bringt Sohn Thomas Haag in Lieser das „Weingut Schloss Lieser" wieder auf Vordermann. Es ist das Weingut, für das Freiherr von Schorlemer zu Beginn des 20. Jahrhunderts den Grundstein legte. Heute werden dort wieder ausgezeichnete Weine produziert. Doch bevor es dazu kommen konnte, musste es im Verlauf der achtziger Jahre erst Nacht werden im Schloss.

Waldhotel Sonnora

Hauptgericht

Sauté von der Poularde in Moselrieslingsauce
Zubereitet von 3–Sternekoch Helmut Thieltges

Dazu empfiehlt Gastgeber Helmut Thieltges
Mehringer Blattenberg, Riesling Spätlese, aus dem Weingut Winfried Reh in Schleich an der Mittelmosel.
Hier sind kräftige, dichte Fruchtaromen mit Kraft und Würze gepaart, die süßlichen Aromen sollen die Sauce und das Gemüse verbinden. Bei Zugabe von schwarzen Trüffeln sollte der Riesling durch einen Weißburgunder vom Weingut Kirsten aus dem Jahrgang 2001 ersetzt werden.

Zutaten für 4 Personen

Für dieses Hauptgericht brauchen Sie 2 frische Poularden, Salz, weißen Pfeffer aus der Mühle, etwas Mehl, 100 Gramm Karotten, 100 Gramm Staudensellerie, 100 Gramm feine grüne Bohnen, 2 Schalotten, 20 Gramm Butter, 1 Esslöffel Olivenöl, 1/2 Flasche trockener Moselriesling, 1/4 Liter Sahne, 3 Eigelb, 5 Esslöffel Wasser, etwas Zitronensaft.

Zubereitung in ca. 40 Minuten

Die Poularde in 4 Teile schneiden, mit Salz und Pfeffer würzen, in Mehl wenden und gut abklopfen. Butter und Olivenöl in einer Pfanne erhitzen, die Geflügelteile einlegen und langsam beidseitig braten bis sie eine schöne Farbe haben. Anschließend die Fleischstücke herausnehmen und das Bratfett abgießen. Die Schalotten in Würfel schneiden und im verbliebenen Bratfond anziehen lassen. Mit Riesling ablöschen und die Poularden wieder einlegen. Bei geschlossenem Deckel etwa 15 Minuten langsam dünsten. Dann die Geflügelteile herausnehmen. Die Karotten und den Sellerie schälen und in feine Stifte schneiden, Bohnen putzen. Die Gemüsestifte und Bohnen in Salzwasser ca. 3 Minuten knackig kochen und auf ein Sieb schütten. Den

Bratfond mit dem Riesling stark reduzieren und die Sahne zugeben. Die Eigelb mit Wasser überm Wasserbad aufschlagen. Dann die Rieslingsauce beigeben und luftig schlagen. Mit etwas Zitronensaft abschmecken. Dann die Gemüsestreifen dazugeben und über die Poulardenstücke verteilen.

Serviervorschlag

Gemüse in der Mitte des Tellers anrichten. Poulardenbrüste draufsetzen und mit Rieslingsauce drapieren.

Tipp

Im Restaurant wird das Gericht mit gehobelten schwarzen Trüffeln verfeinert. Dazu werden selbst gemachte grüne Nudeln serviert.

Das erwartet Sie

Das Waldhotel Sonnora liegt im kleinen Örtchen Dreis bei Wittlich. Inhaber und 3–Sternekoch Helmut Thieltges zählt zu den 5 besten Köchen Deutschlands. Seine Küche erfüllt höchste kulinarische Ansprüche, und das seit Jahren. Seit der Eröffnung des Hauses im Jahr 1978 legt der Familienbetrieb größten Wert auf ein anspruchsvolles Ambiente. Die Gartenanlagen um das Hotel herum sind liebevoll gestaltet und laden dazu ein, sich zu entspannen.
www.hotel-sonnora.de

Schloss Lieser liegt ausgangs des Dorfs, verlassen in einem Park, als habe ein Dornröschenschlaf Besitz von seinen Mauern ergriffen. Geschiefert, mit Giebel, Erker, Turm und Sandstein spielerisch verziert, erzählt das patinierte Anwesen die feudale Geschichte des Weinanbaus, obwohl um 1887, als der Grundstein für das Schloss von dem Unternehmer Eduard Puricelli gelegt wurde, in Deutschland schon Fabrikschlote wie die Pilze aus dem Boden schossen.

Eduard Puricelli, Fabrikantensohn und selbstständiger Unternehmer in Trier, schätzt sie, die Möglichkeiten der beginnenden Industrialisierung. Doch er schätzt auch Lieser, das Weindorf an der Mosel, wo er um 1887 eine Villa erwirbt. Das Puricelli-Herrenhaus. Er schenkt es seiner Tochter Maria Puricelli, weil sie diesen Ort so liebt und auch ihre große Liebe, Freiherr Clemens von Schorlemer, der bald um ihre Hand anhält: „Ich glaubte, die gebündelte Kraft des Daseins zu verspüren. Es ist, als ob der Fluss hier seinen ganzen Zauber vollbrächte. So tiefgründig und wahr wie nirgends sonst. Ist es Ihnen ähnlich ergangen, meine Liebe?“, so schreiben sie einander.

Aus der Puricelli-Villa wird Schloss Lieser, aber die Umgestaltung des Hauses, das Clemens von Schorlemer und Maria Puricelli beziehen werden, wird eine ganze Weile dauern. Ein dreigeschossiger Zwischentrakt, der als Wintergarten fungiert, verbindet schließlich das ältere Herrenhaus mit dem neuen Bauteil; beide fügen sich charmant zusammen. Und Maria Puricelli schwärmt immer wieder: „Das Schloss ist mir wie eine Oase, ein Ort, an dem die Dinge ihren Platz einnehmen, wo nichts erklärt werden muss, ein Ort des Glücks.“ Das Schloss verfügt sogar über eine eigene Hauskapelle und seit 1904 auch über ein Weingut, dessen Wirtschaftsgebäude sich nicht weit entfernt von der großen Magnolie im Schlossgarten an das Anwesen anschließen. Es heißt Weingut „Schloss Lieser“ und wächst schnell zu einem Spitzenerzeuger heran.

Als Clemens von Schorlemer stirbt – er war zuletzt preußischer Landwirtschaftsminister – verfügt das Weingut „Schloss Lieser“ über einen umfassenden Weinbergsbesitz in Lieser, Zeltingen, Wintrich, Graach und Brauneberg. Aber auch über neu angelegte Weinlagen an der Saar. Das war 1922. Die Familie führt das Gut ganz in seinem Sinne fort.

In den siebziger Jahren wird das Weingut schließlich verkauft. Und 1981 auch das Schloss. Das Weingut, das ebenso mehrfach den Besitzer wechselt, verfällt immer mehr. Bis Thomas Haag es rettet. Nach einer harten Aufbauarbeit, die im Herbst 1992 beginnt, erreicht er schnellen Schrittes den Gipfel des Weinolymps. Er erntet nicht nur Trauben im Weinberg. Er erntet auch die Trauben von „GaultMillau". Vier von fünf möglichen dieser begehrten Auszeichnungen hält er in Händen, seitdem er das Weingut betreten hat, welches er seit 1997 auch selbstständig führt. Thomas Haag stockte stetig auf. Inzwischen bewirtschaftet er eine Gesamtfläche von sieben Hektar, wobei der Löwenanteil seines Reblands auf die Toplage „Lieser Niederberg Helden" entfällt. Er besitzt auch Parzellen in der „Brauneberger Juffer-Sonnenuhr", eine der besten Lagen hier an der Mittelmosel.

„Ich bin ein Praktiker", sagt Thomas Haag von sich, „und vertraue meinem Fingerspitzengefühl mehr als jeder Theorie." Das ist nicht verwunderlich, widmen sich die Haags an der Mosel doch immerhin seit 400 Jahren hingebungsvoll der Kunst, große Weine zu legen. Das hinterlässt in jeder Generation Spuren. Große Gesten sind Thomas Haags Sache jedoch nicht. Er widmet lieber sein Augenmerk konzentriert den vielen Kleinigkeiten, die darüber entscheiden, ob das Terroir des Weinbergs im Glas seine ganze Fülle entfaltet. Er weiß: das Potenzial des Weinbergs, die Wahl der Rebe und auch der Stil des Winzers prägen den Wein. Thomas Haag kultiviert ausschließlich die Rieslingrebe, die er als „die edelste, interessanteste und vielfältigste Traube der Welt" charakterisiert. Seine Maxime lautet: „Ich will die natürliche Leistungskraft der Rebe fördern!" Und das bedeute, dass er in Weinberg und Keller mit naturnahen Bearbeitungsmethoden so wenig wie möglich, aber so viel wie nötig in die natürlichen Prozesse des Rieslings eingreife. Jede Weinlage habe so ihr eigenes Profil.

Während er aus dem „Lieserer Niederberg Helden" Weine hervorbringt, die eine dichte, komplexe Struktur aufweisen, erntet er an den Hängen der „Brauneberger Juffer-Sonnenuhr" filigrane Weine, die von zarter Frucht geprägt sind. Es sind die viel gelobten Spätlesen, Auslesen und Beerenauslesen des Weinguts. Nur sie tragen den Namen ihrer Lage auf dem Etikett. Er sei „seinem Vater dicht auf den Fersen", urteilt *Der Feinschmecker* über die Resultate

„Die Trauben mögen reifen, überreif werden."
Liebevolle Selektion der Weintrauben per Hand

seiner Arbeit. Die Rieslinge seiner anderen Weinberge in Lieser, Graach und Bernkastel vermarktet Thomas Haag unter dem Gutsnamen „Schloss Lieser". Auch sie fordern seinen ganzen Ehrgeiz heraus. Sie sind feinrassig, lebendig, fruchtig.

Um diesen engen Spielraum, den die Trauben der verschiedenen Weinlagen ihm setzen, ausloten zu können, baut Thomas Haag seine Weine je nach Charakter im Holzfass oder Edelstahltank aus: „Ich will die Individualität bewahren, die im Wein enthalten ist", sagt er und richtet dabei den Blick auf die Weine aus der neuen Welt, wo diese Philosophie keine so wichtige Rolle spielt.

„Wein zu trinken ist etwas Besonderes. Was das Besondere aber ist, muss jeder Weintrinker selbst entdecken", so überlässt er den Genießer seinem Geschmack. Und die allermeisten entdecken das Einzigartige auf den ersten Schluck.

Der Schwan

Rainer Maria Rilke

Diese Mühsal, durch noch Ungetanes
Schwer und wie gebunden hinzugehn,
Gleicht dem ungeschaffnen Gang des Schwanes.

Und das Sterben, dieses Nichtmehrfassen
Jenes Grunds, auf dem wir täglich stehn,
Seinem ängstlichen Sich-Niederlassen–:

In die Wasser, die ihn sanft empfangen
Und die sich, wie glücklich und vergangen,
Unter ihm zurückziehn, Flut um Flut;
Während er unendlich still und sicher
Immer mündiger und königlicher
Und gelassener zu ziehn geruht.

Und Gott schuf das Paradies

Rousseau hatte das arkadische Bild eines Garten Edens beschworen. Und hatte mich nicht sein Appell, die Natur zu lieben, schon beglückt, als ich im Weinberg stand und die Erde durch meine Finger bröckelte? Kaum zu glauben, dass solches Glück der Erde noch einmal zu steigern ist. Ich stehe erneut im Weinberg und wähne mich im Paradies. Dieses kleine Stück Paradies heißt „Ürziger Würzgarten". Ohne Zweifel: Alle Blumen müssten mit Macht ihren Duft verströmen, Kräuter uns mit all ihren Aromen in die Küche locken, um dem guten Geist der Sinne zu huldigen und ihm gleich zu kommen. Dem Würzgarten.

Umrahmt von lichten Laubwäldern, halbrund geformt, streckt sich die Weinlage hinter Ürzig in die Höhe. Rotliegendes schimmert als uraltes, feines terrestrisches Verwitterungssediment durch das Laub der Reben. Es prägt die Trauben des Würzgartens, gibt ihnen die spritzige, feinfruchtig erdene Note. Ich steige den Weinberg hinauf. Gleich meinem Weg bahnt sich eine Straße in Serpentinen ihren Weg nach oben. Sie mündet in einer Straße, die das Moseltal mit der Eifel verbindet. Wer von dort kommt, richtet unwillkürlich seinen Blick hinab in diese paradiesische Gegend, die durch ihre landschaftliche Schönheit vereinnahmt. Ich drehe mich um und lasse meine Augen über den „Würzgarten" gleiten. Ein Zitronenfalter breitet seine Flügel aus.

Ürzig liegt zu meinen Füßen. Beschaulich, verschlafen, still. Das gut tausend Einwohner zählende Winzerdorf ist eine der ältesten Ansiedlungen an der Mosel. Ein Hauch von Träumerei weht durch die schmalen Dorfgassen, die sich erst im Laub der Reben des Weinbergs wieder verlieren. Prächtige Patrizier- und schöne Fachwerkhäuser, Herrgottswinkel und alte Mauern aus Bruchstein offenbaren die romantischsten Geschichten über den Wein, als ob es den harten globalen Weinwettbewerb nicht geben und alles seinen eigenen alten Gesetzen folgen würde.

Rittergeschlechter errichteten im Mittelalter in der Ürziger Gemarkung drei Burgen. Eine Ruine ist erhalten geblieben; die der Burg zur Leyen – sie bildete vor 1000 Jahren die Kulisse für ein Attentat. Denn in jener Zeit gab es hier nicht nur edle Adelsfrauen, denen zu Füßen die Minnesänger in lyrischen Reimen ihre Liebessehnsucht beklagten. Die adligen Herren gaben sich gerne den hoch politischen Geschäften hin. Da konnte es durchaus passieren, dass ein ungeliebter Gegner seinen Drang zu Macht und Einfluss mit dem Leben bezahlte. So geschah es, dass 1066 Kuno I. von Pfullingen, der kaiserliche Wunschkandidat für das Amt des Erzbischofs in Trier, auf dem Weg dorthin von Gefolgsleuten der Trierer Kurie überfallen und auf die Burg zur Leyen verschleppt wurde.

Das Amt des Erzbischofs war eine Schlüsselposition. Die Trierer wollten einen fremden Kandidaten nicht dulden. Sie stürzten Kuno schließlich von einem Felsen im „Würzgarten" in die Tiefe hinab. Da er den Anschlag überlebte, griffen seine Peiniger zu noch schlimmeren Maßnahmen mit grausamen Quälereien. Konrad sollte Ürzig nie mehr lebend verlassen. Sie enthaupteten ihn mit dem Schwert. Hatte nicht bereits Cäsar gesagt, die Treverer würden Befehle nur ausführen, wenn man sie dazu zwinge? Aus den Resten des Wachturms der Burg erhebt sich heute eine Sonnenuhr; sie lässt die alte Sage leise verklingen. „Und die Sonne Homers, siehe! Sie lächelt auch uns", verspricht sie.

Trauben wachsen und reifen. Begierig nehmen ihre Häute die warmen Sonnenstrahlen auf, während das Blattgrün des Weinlaubs der flimmernden Luft die chemischen Elemente entzieht und sie dem Körper der Reben zufügt. Der Wein hat Ürzig reich gemacht! Kein anderes Gut in Ürzig verkörpert diese Fülle, die im Wein ruht, so leibhaftig wie die Weingüter „Joh. Jos. Christoffel Erben" und der „Mönchhof" Robert Eymaels, die seit dem Jahr 2001 gemeinsam firmieren.

Der Mönchhof ist ursprünglich im Besitz der Zisterzienserabtei Himmerod in der Eifel gewesen. Papst Alexander III. bestätigte ihn 1177 als ersten Weinbergsbesitz der Abtei in Ürzig. Die Himmeroder Mönche bauten in jener Zeit die Gewölbekeller des Guts und mehr als dreihundert Jahre später, 1509, das Gutshaus. Seit 1804 ist das Weingut im Besitz der Familie Eymael. Sie ersteigerte

„Von den uralten Verwerfungen der Kontinente, den Umschichtungen der Meere oder sogar vom ozeanischem Meeresboden.“ Versteinerte Urschnecke

das Anwesen 1804 in Paris, nachdem Napoleon die Säkularisation allen Kirchenbesitzes links des Rheins verfügt hatte. Schließlich gab Jean Eymael dem Mönchhof 1898 sein heutiges Gesicht und das Anwesen präsentiert sich seither in einer Renaissancefassade, die an der Mosel ihresgleichen sucht.

Seit Mitte 1994 wird der Mönchhof nun von Robert Eymael geführt, der den Stil des Hauses noch einmal aufpolierte. Die erdfarbene Fassade ist körnig, brockig, authentisch. Sie atmet die Seele des Weins, die tief im Schoß der Mutter Erde ruht. Erdfarben zu sein ist ein Triumph des Bodens.

Witz und Humor gepaart mit der Ernsthaftigkeit eines Perfektionisten beschreibe seine Lebensphilosophie, gesteht Eymael. Die kann man übrigens hautnah erleben. Denn wenn Eymael die Weinfreunde seines Hauses im Herbst zum jährlich stattfindenden Kelterfest einlädt, geht es bestgelaunt in den „Ürziger Würzgarten“, um dort die reifen Trauben zu ernten. Aus der Lese wird nicht zuletzt durch seine Person ein Fest, in dessen Verlauf Bacchus herbeieilt, um die Verehrer seines Kults in die Geheimnisse des Mythos „Wein“ einzuführen.

Und da war doch noch Apoll, der schöne Jüngling mit den untadeligen Eigenschaften, der das Pflanzen und Ernten schützt, auch das Licht vor sich her trägt und die Musen küsst? Wenn die Edelsteine funkeln, als habe der Wein Apolls göttlichen Geist entfacht, dann stellt Anfang Advent Goldschmiedemeister Holger Schuler aus Idar-Oberstein im Gutshaus seine Schmuckkollektion aus und Robert Eymael präsentiert dazu die Weine des Mönchhofs als angemessene Ergänzung.

Seit dem Jahr 2004 will Eymael bei den trockenen und feinherben Gewächsen auf die bisherigen Begriffe Spät- und Auslese ganz verzichten. Sie orientieren sich einzig an den Mostgewichten. Künftig solle allein das Terroir seiner Lagen über die Bezeichnung des Weins bestimmen. Er hat seine besten Lagen in den berühmten Steilhängen „Ürziger Würzgarten“, „Erdener Treppchen“ und im Herzstück des „Erdener Prälat“ ganz neu bonitiert. Die Rieslinge aus den erstklassigen Parzellen dieser Rebhänge will er künftig ganz schlicht als „Qualitätswein“ herausstellen. Man kann Eymaels Weine selbstverständlich auch in den Weltstädten Berlin, London, New York oder auch in Tokio verkosten – aber viel lieber lädt er die Freunde seines Weines nach Ürzig in den Mönchhof ein.

Zu nennen ist noch Hans Leo Christoffel. Der Winzer mit dem schönen Fachwerkhaus. Er verpachtet seit geraumer Zeit die Rebflächen seines kleinen, aber feinen Weinguts an Robert Eymael, um sich die verdiente Ruhe des Alters zu gönnen. Ganz zur Ruhe kommt er aber wohl nicht. Denn Eymael schwört auf dessen Rat, schließlich will er den Stil der Weine Christoffels erhalten. Diese werden auch weiterhin mit seperatem Etikett und dem Namen „Weingut Joh. Jos. Christoffel Erben“ versehen. Allein die Verwaltung des Betriebs und Vermarktung der Weine geschieht exklusiv über Robert Eymaels Mönchhof.

Ich kehre mit Freunden im Restaurant „Moselschild“ in Ürzig ein. Wir sitzen auf der Terrasse mit Blick auf die Mosel. Ein Toast auf das Leben! Ein Toast auf die Gaumenfreuden und den Wein! Harald Schild zaubert unterdessen Köstlichkeiten der heimischen Küche, die einen Abstecher nach Ürzig wert sind: gebackener Moselaal oder Lachs und Zander im Blätterteig.

Ringhotel Moselschild

HAUPTSPEISE

GEBACKENER MOSELAAL MIT LIMONENBUTTER, FRITTIERTEM LAUCH UND KLEINEN KARTOFFELN

Zubereitet von Chefkoch und Juniorchef Harald Schild

Dazu empfiehlt Gastgeber Kurt Schild ÜRZIGER WÜRZGARTEN RIESLING SPÄTLESE TROCKEN.

Dieser Wein unterstützt durch seine Leichtigkeit und Harmonie die kernigen Geschmacksstoffe des gebackenen Moselaal.

ZUTATEN FÜR 4 PERSONEN

Für dieses Fischgericht brauchen Sie 1 Kilogramm ausgenommenen und abgezogenen Moselaal, 4 Limonen, etwas Salz, Pfeffer und Mehl, Butterschmalz, 2 Stangen Lauch, Öl zum Frittieren, 20 kleine Kartoffeln, Kümmel, 200 Gramm Butter und Petersilie zum Garnieren.

ZUBEREITUNG IN CA. 30 MINUTEN

Den Aal in etwa 6 Zentimeter lange Stücke schneiden, mit etwas Limonensaft säuern, salzen, pfeffern, in Mehl wenden und im Butterschmalz etwa 15 Minuten goldgelb braten. Den Lauch der Länge nach halbieren, waschen und ebenfalls in 6 Zentimeter lange Stücke kürzen, dann in feine Streifen schneiden und bei 180 Grad Celsius kurz frittieren. Die kleinen Kartoffeln waschen, schälen und beim Abkochen mit etwas Salz und ein bisschen Kümmel im Tee-Ei würzen. Für die Limonenbutter die Limonen schälen, das Fruchtfleisch in Scheiben schneiden und die Butter schmelzen, die Fruchtstückchen einrühren.

SERVIERVORSCHLAG

Die Lauchstreifen wie ein Nest auf dem Teller verteilen, die gebratenen Aalstücke im Lauchnest anrichten und mit den Limonenscheiben belegen. Das Ganze mit heißer Butter begießen und gehackter Petersilie garnieren.

Tipp

Die Butter darf nur so weit erhitzt werden, dass sie schmilzt. Eventuell klären und wieder im Kühlschrank erkalten lassen.

Das erwartet Sie

Das Ringhotel Moselschild liegt direkt an der Mosel im alten Weinort Ürzig. Es ist umgeben von Weinbergen und befindet sich auf halbem Weg zwischen Bernkastel-Kues und Traben-Trarbach. Das Hotelrestaurant bietet zu seinen ausgesuchten Menüs über 300 verschiedene Weine an. Neben den verschiedensten Rieslingen der Mosel findet man auch hauseigene Weine auf der Karte.
www.moselschild.de

„Edle Tropfen" Traditionsreich: Die erlesensten Weine eines Weinguts werden im Schaukasten ausgestellt.

Eine kühle Brise weht vom Fluss herauf. Pappeln, die das Ufer säumen, rauschen leise im Wind. Wir sitzen bei Kerzenschein. Ürzig liegt längst schon im Dunkeln. Der Mönchhof funkelt wie ein Solitärbrillant im Lichterschein der Nacht. Fixsterne und Planeten malen – lodernden Fackeln gleich – das Gemälde eines Zuges längst vergessener Götter ans Firmament. Uns zu Füßen fließt leise die Mosel. Einzelne kleine Wellen plätschern ans Ufergestein. Allein beim Kellermeister im Zimmer brennt noch Licht. Wir sprechen kein einziges Wort. Doch jeder von uns weiß, dass er im nächsten Sommer wieder nach Ürzig zurückkehren wird.

Ürzig ist ein Weindorf, dass sich ganz vortrefflich eignet, um vom Kamm der Weinberge aus die Schönheiten der Mosel zu entdecken. Man kann von hier über den Moselhöhenweg und durch das Urstromtal der Mosel bei Lieser moselaufwärts nach Mülheim wandern oder aber moselabwärts nach Traben-Trarbach, in diese Stadt mit dem unvergleichlich schönen Jugendstil. Jene Epoche, in der die Mosel vor mehr als hundert Jahren durch den Handel mit Wein auf das Podest der Siegesgöttin gehievt wurde.

Jugendstil aus Leidenschaft

Die Mosel drängt sich gegen den Fuß der Höhen von Montroyal. Der Fluss wird schmaler und schneller. Fast wäre Johann Wolfgang von Goethe an dieser Stelle, aus Trier kommend, 1792 vor Trarbach in den tosenden Fluten der Mosel ertrunken. An jenem Abend wütete ein Gewitter mit Sturmböen und der Kahn, in dem der Dichter die Reise nach Koblenz angetreten hatte, wogte wie eine wild gewordene Nussschale zwischen Wasser und Felsen. Goethe fand in letzter Minute Rettung am Ufer von Trarbach. Der angesehene Ludwig Böcking, der durch Bergbau und den Handel mit Wein reich geworden war, nutzte die Gunst der Stunde, lud ihn in sein schönes barockes Haus ein und Johann Wolfgang erholte sich bei Kerzenlicht und bestem Moselwein.

Goethe in Trarbach – eine weinselige Randbemerkung geschrieben im Hause Ludwig Böckings? Für den Dichterfürsten vielleicht, denn er liebte zeitlebens den Württemberger. Für die kleine Stadt an der Mosel allerdings eine Anekdote mit Gewicht und Unterhaltungswert. Berühmt wurde sie aber beileibe nicht wegen des kurzen Gastspiels von Goethe, sondern aufgrund ihres erfolgreichen Handels mit Wein – und zwar rund um die Welt, bis in die Kolonien Afrikas und den Fernen Osten. Ludwig Böcking, Adolph Huesgen und Julius Kayser sollten mit ihren Weinhandelsfirmen im Verlauf der nächsten hundert Jahre Traben-Trarbach so zur zweitgrößten Weinhandelsmetropole der Welt machen. Um die Wende zum 20. Jahrhundert tätigte man einzig in Bordeaux noch bessere Geschäfte.

In dieser Zeit werden die beiden Stadtteile Traben und Trarbach durch eine Brücke, Möhrings wunderschönem Werk, miteinander verbunden und 1904 als Doppelstadt aus der Taufe gehoben: das gibt ihnen mehr Gewicht. Die Stadt fügt sich ein in die Reihe der Fortschrittlichen und wagt den Aufbruch in die Moderne, der in jenen Tagen die Welt erfasst. Wissenschaft und Technik entwickeln sich rasant, die Industrialisierung entzieht allmählich dem Handwerk den Boden, die Massen werden für automatisierte Arbeitsvorgänge gebraucht. Viele fühlen sich ihres Selbsts beraubt. Die Protagonisten des Zeitenwandels werfen ihre Schatten weit voraus. Architektur, Malerei und Plastik verschmelzen zu einem Gesamtkunstwerk, dem Jugendstil, der auch der Innerlichkeit des einzelnen Menschen wieder Beachtung schenken will. In ihm manifestiert sich das Lebensgefühl einer Generation, die antritt, den Historismus vergangener Tage zu Grabe zu tragen.

Bruno Möhring, Maler und Architekt der frühen Moderne mit eigenem Architekturbüro in Berlin, ist einer von ihnen. Beauftragt von der öffentlichen Hand, besticht sein Können in Berlin und Bonn durch moderne, stählerne Brückenkonstruktionen. In den USA verwirklicht er eine viel beachtete, ausgefallene Industriearchitektur. Dass er in Traben-Trarbach verpflichtet wird, ist dem Engagement von Männern wie Julius Kayser, Adolph Huesgen, Gustav Breucker und Clauss Feist zu verdanken. Auf der Weltausstellung in Paris 1900 gestaltete Möhring übrigens auch die Weinausstellung und das Restaurant im Deutschen Haus. „Der wahre Clou der Deutschen auf der Ausstellung“, kommentierte der Berliner Kunstschriftsteller Julius Meier-Graefe damals die Geschehnisse vor Ort, „darüber ist sich alles, was abends in Paris einen Frack trägt, einig, das ist das deutsche Weinrestaurant.“

Für die Traben-Trarbacher Weinhändler, die in Paris en vogue waren, baute Möhring fortan Villen, wohnliche Kunstwerke, Traumwelten und Lebensparadiese. Möhring zeichnete die Silhouette Traben-Trarbachs neu. Durch verheerende Brände, zuletzt 1879, um ihre mittelalterliche Bausubstanz gebracht, steigt die kleine Stadt an der Mosel so zwischen 1899 und 1907 wie Phönix aus der Asche. Fabelwesen mit gewundenen Schlangenleibern und spitzen Eselsohren, speiende Drachen und der Löwe in Heldenpose prägen durch ihn das Stadtbild neu, das von nun an vom Wein und von Mythen erzählt. Möhrings künstlerische Ausdrucksformen sind vielgestaltig und die Vorstellungen seiner Auftraggeber eigenwillig.

Sanft steigt am Trabener Ufer der Garten über der Mosel an, an dessen Ende Adolph Huesgen seine Villa nebst Kellerei platziert. Ein steiler Giebel und ein hohes Sockelgeschoss, das aus Schiefersteinen gemauert ist und als Podest dient, auf dem sich die Villa erhebt, fassen die streng gegliederte Fassade des Wohnhauses zur Uferfront ein. Heller Sandstein umrahmt auf der rückwärtigen Seite, den Eingang des Hauses. Dort stilisiert Möhring das Initial des Hausherrn, das „H“, als Weinkelch mit Reben. Im

„Von Sedimenten, die herausgehoben, gedreht und wieder gesenkt wurden."
Fossilienfunde an der Mosel

Inneren der dreistöckigen Villa gleicht kein Raum dem anderen: Blütenranken, Friese, kräftig grüne und violette Ovale zwischen Fächern; Zacken und Punkte, die in gestreifte Tapeten münden, sind in jedem Zimmer anders eingesetzt. Bei der Gestaltung des Wohnzimmers habe Möhring die Fenster des Klassizismus weit aufgerissen, schreibt die Kunsthistorikerin Ines Wagemann. Der Garten wachse optisch weit ins Haus hinein. Eine solche Öffnung nach außen finde sich bei Möhring kein zweites Mal.

Alte Fotografien, die Adolph Huesgen, der Enkel, einem Fotoalbum entnimmt, werden für mich zur Momentaufnahme einer Zeit, die in meiner Fantasie wieder aufzublühen vermag: Die Menschen im Haus reden, lachen, weinen. Aus dem Saufstübchen tönt schallendes Gelächter, während weit oben unter dem Dach, im großen Theatersaal, der letzte Vorhang einer theatralischen Einlage fällt. „Bravo!" Spontane Gunstbeweise des jungen, unbeschwerten Publikums. Jubelrufe. „Vivat, Vivat!" Die Sektkorken knallen. Die Edelsteine der Damen blitzen auf. Was erzählen sich die beiden vorne? Und der Löwe, der noble Herrscher, bewacht mit steinerner Maske vom Garten aus das Treiben im Haus.

Die vielen illustren Gäste von Adolph Huesgen sollen damals immer im Hotel „Clauss Feist" übernachtet haben. Ich gehe an der

Uferstraße entlang. Das Haus „Clauss Feist" liegt wenige hundert Meter flussaufwärts von der „Vilila Huesgen" entfernt. Um 1903 aus den Trümmern des im moselländischen Spätrenaissance-Fachwerkstils erbauten und ausgebrannten Gasthofs „Zum Schwanen", von Möhrings Hand neu interpretiert, zählt das heutige „Romantikhotel Bellevue" zu den schönsten Jugendstilensembles. Vergleichbar mit dem damaligen „Restaurant Konss" am Boulevard des Italiens in Frankreichs Metropole Paris.

Auch heute noch trägt das hauseigene Restaurant den Namen seines ursprünglichen Besitzers, denn bis zum Zweiten Weltkrieg galt das „Clauss Feist" als eine der ersten Adressen im Land. Baron von Thyssen, Freiherr von Richthofen oder gar Heinz Rühmann sollen dort ein- und ausgegangen sein. Heute würden auch Prominente wie die Gottschalks und Elsners am Minztee nippen, um sich in stilvoller Abgeschiedenheit zu kasteien, während Sterbliche wie unsereins sich dem üppigen Essvergnügen hingäben, erzählen sich die Insider neuerdings nicht nur hinter vorgehaltener Hand. Ob die Gottschalks und Elsners, die im gegenüberliegenden Trarbach in dem bekannten ayurvedischen Gesundheitszentrum „Parkschlösschen Bad Wildstein" residieren, angesichts der gut bestückten Weinkarte des Restaurants „Clauss Feist" beim enthaltsamen Teegenuss die Traurigkeit befällt, wissen wir nicht. Was Goethe zu den offerierten Wonnen sagen würde, wissen wir sehr wohl: „Mich ergreift, ich weiß nicht wie, himmlisches Behagen."

Ich gehe ins Restaurant hinein. Eine stilisierte Schöne blickt an der mit Stoff bespannten Wand in die Unendlichkeit hinein. Ich gebe es zu, ich finde die Jahre um die Jahrhundertwende mit ihrer stilisierten Formensprache, die der Harmonie der Sinne huldigt, einfach schön. Es ist der Tisch am Fenster, der zum Verweilen einlädt und natürlich der gesamte Saal, der seine Heiterkeit verströmt. Von dem großen dreigeteilten Moselbild an der rückwärtigen Wand, das der Mosel das stimmungsvolle Kleid der Abendröte anzieht, kann ich meinen Blick nicht lassen, während auf der gegenüberliegenden Seite durchs Fenster der Fluss auch im Abendlicht zu sehen ist. Vor einer landschaftlichen Kulisse, die ihr von Häusern durchwirktes buntes Farbenkleid ins Wasser wirft. Während ich quer durch den Saal wieder und wieder auf das Wandbild schaue und auch die vielen Paneele aus dunklem Holz und die Blütenmuster und Ornamente in mich aufnehme, denke ich einmal mehr, dass all diejenigen Recht haben, die sagen, sie fühlten sich an Tanzsäle aus alten Filmen erinnert, sobald sie diesen Speiseraum beträten.

Solch eine atmosphärisch beeindruckende Kulisse begehrt ganz einfach das kulinarische Pendant. Lässig, unprätentiös, aber mit ein paar stilvollen Kniffen der Kochkunst versehen, lässt Bernhard Tintemann, der Küchenchef, die Bouillabaisse von Moselfischen servieren. Taubenbrust an Kartoffel-Sellerie-Püree – angerichtet auf Tellern, die von silbernen Hauben bedeckt sind, schwebt gleichsam durch den Saal. Zum krönenden Abschluss gibt's noch eine köstlich süße Crème Brûlée

Und Bruno Möhring? Ich nehme seine Fährte wieder auf. „So will ich es haben“, gesteht Gustav Breucker, als Möhring ihm die neuesten Entwürfe für seine Villa präsentiert. Nur wenige Meter vom Restaurant „Clauss Feist“ entfernt erhebt sich so seit 1905 als weitere Besonderheit des Jugendstilarchitekten Bruno Möhring sein Haus direkt über der Trabener Uferstraße.

Eigentlich ist Gustav Breucker Altphilologe. Zum Traben-Trarbacher Weinhandel gelangt er durch Einheiraten in die Firma „Wilhelm Haußmann“ und avanciert seitdem zu einem erfolgreichen Geschäftsmann. Was die Schönheit seines Anwesens angeht, will er fulminante Wünsche in die Tat umgesetzt sehen. Und tatsächlich, was Möhring für ihn erstellt und die Handwerker nach dessen Vorgaben erbauen, ist atemberaubend: Mehrere ineinander verschachtelte Kuben türmen sich vor mir auf. Einer von ihnen bildet das zweigeschossige Haupthaus, mit einem farbigen Konsolgesims als Übergang zu einem weit vorstehenden flachen Dach. Dahinter tritt ein Turm hervor, der das Haupthaus nochmals um ein Geschoss überragt. Zwei weitere Bauteile liegen mit ihm in der nordöstlichen Ausrichtung des Hauses in einer Flucht. Ein seitlicher Anbau leitet zum Turm über und öffnet sich im oberen Geschoss als Loggia. Auch dem Kellergeschoss ist eine Loggia vorgelagert, deren östliche Begrenzung der des Turms entspricht.

Ist es nicht überraschend, eine solche vom Freigeist geprägte Villa hier, fernab jeder Metropole, zu finden? Es gibt dafür an der Mosel keine einzige Entsprechung. Sie ist ein Solitär mit einer

Romantik Jugendstilhotel Bellevue

DESSERT

CRÈME BRÛLÉE MIT WEISSER SCHOKOLADE UND ZARTBITTERSCHOKOLADENEIS

Zubereitet von Küchenchef Bernhard Tintemann

Dazu empfiehlt Restaurantleiterin Rebecca Stein 1998ER BRAUNEBERGER JUFFER-SONNENUHR, EINE RIESLING-AUSLESE VOM WEINGUT FRITZ HAAG IN BRAUNEBERG.

Dieser Wein zeichnet sich durch angenehme Fruchtnuancen und die Frische der Säurestruktur aus. Durch seine lange Lagerung ist die Restsüße gereift und sehr dezent.

ZUTATEN FÜR 6–8 PERSONEN

Für die Crème Brûlée benötigen Sie 1/2 Liter Sahne, 125 Milliliter Milch, 60 Gramm Zucker, 100 Gramm weiße Kuvertüre, 1 Zentiliter Grand Manier, 1/2 Vanilleschote, 5 Eigelb und 1 Vollei.

Für das Schokoladeneis werden 200 Milliliter Sahne, 200 Milliliter Milch, 60 Gramm Zucker, 100 g Zartbitterkuvertüre, 3 Eigelb, 1 Vollei und 2 Zentiliter Brauner Rum (54%) gebraucht.

ZUBEREITUNG IN CA. 100 MINUTEN

Sahne und Milch zusammen mit dem ausgekratzten Mark der Vanilleschote in einem Topf erhitzen und vom Herd nehmen. Die weiße Kuvertüre am besten auf einer Gemüsereibe grob raspeln oder mit einem Messer in kleine Stücke hacken. Anschließend in die warme Sahne-Milch-Mischung geben und mit einem Schneebesen verrühren, bis sich die Kuvertüre aufgelöst hat. Nun die Eigelb, das Vollei und den Zucker in einer Schüssel verquirlen und die noch warme Mischung nach und nach unter die Eimasse rühren. Dann den Grand Manier zugeben und die ganze Masse noch durch ein Sieb seihen. Die Masse in feuerfeste Portionsförmchen oder -schälchen füllen und in einem Wasserbad im Backofen bei ca. 100 Grad Celsius für etwa 70–80 Minuten pochieren.

Dann aus dem Wasserbad nehmen und erkalten lassen. Kurz vor dem Servieren die Brûlée mit braunem Zucker bestreuen und im Backofen bei starker Oberhitze karamellisieren. Man kann auch einen Bunsenbrenner oder ein Glüheisen benutzen.

Für das Schokoladeneis die Sahne und Milch in einem Topf erhitzen und dann vom Herd nehmen. Zartbitterkuvertüre grob raspeln. Dann in die Sahne-Milch-Mischung geben und rühren, bis die Kuvertüre sich aufgelöst hat. Den Zucker mit den Eigelb und dem Vollei verquirlen und die Sahne-Kuvertüre-Mischung nach und nach unterrühren. Anschließend in einer Schüssel über dem Wasserbad unter ständigem Rühren mit dem Holzlöffel zur Rose abziehen, d.h., das der Holzlöffel, wenn man ihn aus der Masse nimmt und dann leicht auf den Rücken pustet, aussieht wie eine Rose. Die Eismasse hat dann die richtige Bindung. Masse nun abkühlen lassen und schließlich ins Gefrierfach stellen.

Serviervorschlag

Vom Eis mit einem in heißes Wasser getauchtem Löffel eine Nocke abstechen und diese dann auf die fertige Brûlée setzen. Mit einem Blättchen Minze garnieren.

Tipp

Die Eismasse im Gefrierfach sollte regelmäßig, am besten alle 10 Minuten, mit einem Schneebesen durchgerührt werden, bis sie cremig-fest ist. Am einfachsten ist das mit einer Eismaschine.

Das erwartet Sie

Das Romantik Jugendstilhotel Bellevue liegt direkt am Ufer der Mosel in Traben-Trarbach. Der Wein und die Stadt verbindet eine lange Tradition: Anfang des 20. Jahrhunderts ist Traben-Trarbach der zweitgrößte Weinhandelsplatz in Europa. Das Bellevue ist fast ebenso alt und wurde seit 1990 nach und nach liebevoll restauriert und erweitert. Gäste können verschiedene Erlebnis–Arrangements wie „Moselromantik“ und „Champagner-Wochenende für Gourmets“ buchen oder einfach die hervorragenden Weine und Speisen im Jugendstil-Restaurant genießen. www.bellevue-hotel.de

reichen Formensprache. Ist sie das Abbild der Landsitze des Quattro- und Cinquecento in Italien? Oder gründen ihre Wurzeln, wie einige Kunsthistoriker vermuten, in Vorbildern japanischer Ästhetik? In der Seele eines Landes, das um die Jahrhundertwende bereits die Weine der Mosel schätzte? Eindeutig ist das nicht zu sagen.

Einer ost-westlichen Inspiration entspringt auch die ehemalige Weinkellerei „Kayser" am gegenüberliegenden Trarbacher Ufer, am Wolferweg. Seit 1906 wirkt Bruno Möhring dort für Julius Kayser, der seine Kellerei mit direktem Anschluss an die Moselbahn und die Flussschifffahrt bauen will. Die Großkellereien, zu denen Kaysers Unternehmen gehört, arbeiten seit der Jahrhundertwende nach industriellen Maßstäben. Alle Pläne, die Möhring vorgibt, zielen schließlich darauf ab, den Raum der Kelleranlage in den Felsenfuß des Wolfer Berges zu sprengen. Das ist ein heikles Unterfangen, ist doch nicht sichergestellt, dass der Berg dieses Ansinnen über sich ergehen lassen würde. Der Felsen gerät tatsächlich in Bewegung. Ein solcher Widerstand ist für Möhring eine Herausforderung, die er besteht. Er zwingt den Felsen nicht nur, sich zu fügen, sondern realisiert seine Pläne immer auch mit einer guten Portion Humor.

Davon erzählen heute noch besondere Elemente der Architektur. Möhring lässt beispielsweise in die Außenfassade der Kayser'schen Kellerei ein Fabelwesen aus quergestellten Schiefersteinen einmauern, dessen Schlangenleib und aufgereckter Hals in einen zornig dreinblickenden, Einhalt gebietenden Drachenkopf mit Greifenschnabel mündet. Der Drache blickt in Richtung Felsen und ragt weit aus der Wand heraus. Dieses Fabeltier steht als schützendes und glückbringendes Wesen und als fernöstliches Siegessymbol für den Willen, stärker als alle Gewalten der Natur zu sein!

Er war schon ein tiefgründiger Mensch mit vielen Facetten, dieser Bruno Möhring, der mit seiner massiven Brückenkonstruktion wie ein strenger Ingenieur zu arbeiten scheint, doch beim Betrachten der Stilelemente seiner Villen und Kellereien hebt sich langsam der ganze Schleier und wir sehen eine ganz andere Seite von ihm: den Feinsinnigen. Sein Augenzwinkern dazu macht ihn sympathisch, aber der Sinn für die Welt der Mythen, des Schönen und des Wahren trieb ihn zu höchster Kunst. Was ist geblieben von ihm?

Möhrings zehn Villen sind alle noch erhalten. Mit einigen Veränderungen hier und dort, aber weitgehend unverfälscht. Der Drache an der rückwärtigen Wand der ehemaligen „Kellerei Kayser“ wurde aus verkehrstechnischen Gründen später in das Mauerwerk eingeputzt. Er blickt heute nach Trarbach. Die Brücke, die beide Stadtteile verbindet, hat den Zweiten Weltkrieg leider nicht überlebt. Sie wurde neu gebaut und vor kurzem einer ebenso aufwändigen wie farbenfrohen Renovierung unterzogen. Original, und damit in ganzer Schönheit, erhalten ist das Brückentor mit der Brückenschenke. Man sitzt in der ersten Reihe dort oben am Fenster, mit Blick auf das Trabener Ufer und auf die Silhouette der Stadt. Am „Hotel Bellevue“ lässt sich noch der Erkerturm als stilisierte Sektflasche deuten. Die „Villa Breucker“ ist vor kurzem in amerikanische Hände gelegt worden. Der „Kellerei Huesgen“, direkt neben der „Villa Huesgen“, hat der Düsseldorfer Architekt Joseph Schmitz eine neue Funktion gegeben. Glasdurchwirkte Büros und großzügige Apartments vermitteln die ganz anderen und doch harmonischen Gestaltungsprinzipien einer modernen Architektur. Man kann auch wieder über eine zweiarmige Treppe in den Garten flanieren, fast so wie damals, als Adolph Huesgen seine Kellerei betrieb.

Die heutige „K. Adolph Huesgen Handelsgesellschaft“, die als „Wildbadwein“ firmiert, befindet sich im gegenüberliegenden Ortsteil, in Trarbach. Sie hat dort ihren Sitz in dem Gebäude der alten Vollmar'schen Kellerei – und präsentiert sich in architektonisch ausdrucksstarker Linienführung. Adolph Huesgen, der Inhaber, sagt dazu: „Wir wollen die Architektur Traben-Trarbachs und das Kulturgut ‚Wein‘ neu beleben.“ Das Sortiment der Handelsgesellschaft hat Adolph Huesgen sorgfältig ausgewählt. Man kann dort die wunderbaren Weine aus einheimischen Gewächsen erstehen: Rieslingweine aus Traben-Trarbach oder aus den anderen Weindörfern entlang der Flüsse Mosel, Saar und Ruwer. So auch die Weine des Weingutes „Vollenweider“, dessen Inhaber Daniel Vollenweider, ein junger Schweizer, Ende der neunziger Jahre an die Mosel kam, sich in der nicht flurbereinigten Lage „Wolfer Goldgrube“ quälte und bereits im Jahr 2001 seinen ersten viel beachteten Jahrgang präsentierte. Er kam, sah und siegte. Drei „GaultMillau“-Trauben beweisen seit dem Herbst 2003 das

„Fast meint man, die Mönche noch in den Weinkellern werken zu sehen.“
Eine Weinlagerung in Holzfässern ist mittlerweile selten.

vielversprechende Talent des ambitionierten Schweizers, der seine Weine – es sind ausschließlich Rieslinge – exklusiv über Huesgens Weinhandlung vertreibt. Aber auch hervorragende Weine aus anderen Teilen der Welt sind vertreten, nicht zuletzt eine kleine Auswahl dieser fantastischen Weine aus dem Bordelais. Wie heißt es doch bei Ausonius: „All dies zauberte mir mit reizendem Anblick das Bild meiner Heimat und der wohl bebauten Flur des prangenden Bordeaux vor Augen: die hohen Giebel der Villen, erbaut über ragenden Ufern, rebengrüne Hügel, die lieblichen Fluten der Mosel, die murmelnd unten dahinströmt.“ Fast scheint es, als hätte Ausonius die spätere Berühmtheit Traben-Trarbachs und ihren Wettstreit mit Bordeaux um den ersten Platz in der Hierarchie der Weinhandelsmetropolen der Welt schon vor Augen gehabt.

Das barocke Wohnhaus der Familie Böcking, die Johann Wolfgang von Goethe 1792 das Nachtquartier anbot, soll nicht unerwähnt bleiben. Es beherbergt seit vielen Jahren das Mittelmoselmuseum und zeigt natürlich die Wohnräume der Familie Böcking, ganz so wie Goethe sie erlebte. Erwähnenswert ist auch die „Villa Sonnora“, die in der Mitte des 19. Jahrhunderts in der Architektur eines frühbarocken italienischen Palazzos erbaut wurde und sich über Böckings Haus hinweg am Hang erhebt. Vor mehr als zehn Jahren bewirtete man hier noch in einem Café seine Gäste. Heute ist die Villa in Privatbesitz. Sie strahlt wieder aus, was sie einmal gewesen ist: ein Refugium der besonderen Art.

Weiter oben, 110 Meter über Trarbach, thront vis à vis der „Villa Sonnora" die Ruine der Grevenburg. Wenn die Burg im Laufe der Geschichte auch mehrfach belagert und zerstört wurde, so lassen die wenigen Ruinen, die erhalten sind, immer noch die Aura, die sie einmal hatte, spüren. Und die Starkenburg, einst Stammsitz der Grafen von Sponheim, begrenzt Traben-Trarbach im Osten. Man hat von hier oben einen Überblick über die Landschaft, bis in die Eifel hinein.

Übrigens: Reizvoll ist es von hier aus selbst im November auf Traben-Trarbach zu schauen, wenn die Sonne sich den Weg durch die Nebelschwaden bahnt. Dann dauert es nur wenige Minuten und das Trabener Ufer glänzt im Sonnenlicht, während Trarbach weiterhin in kühler Schönheit verbleibt.

Und fast hätte ich es vergessen: Es gibt in Trarbach im Wolfer Weg ein Traditionshaus aus der Zeit des ausgehenden 19. Jahrhunderts, das früher einmal ein Weingut gewesen ist. Heute präsentieren Hildegard Palm und Matthias Decker in den neu gestalteten Räumen dieses Hauses in liebenswerter Atmosphäre Interieurs, Weine und kleine Köstlichkeiten aus der heimischen Küche. Ob Deftiges oder Leichtes – alles wird frisch zubereitet. Dazu werden neben den Kreszenzen aus der Region auch ausgewählte Weine des Hausweinguts Dr. Melsheimer sowie einige Rotweine serviert. „Wir wollen als Botschafter dem Genuss, den Sinnen wieder Raum geben", sagt Matthias Decker. Und er lebt, was er sagt.

Auf die Methode kommt es an

Der Flügelschlag eines Schwans spiegelt sich im Fluss. Wildenten kreisen. Malerisch liegt Zell-Merl in der Abendsonne. Hier ist Albert Kallfelz zu Hause. „Merler Adler", „Sonneck", „Königslay-Terrassen", „Stephansberg", „Fettgarten" und „Klosterberg" – so heißen die Weinlagen auf steinigem Schiefer und Quarzitverwitterungsboden, die er bebaut. Albert Kallfelz hat allen gezeigt, dass man es in Zell auch jenseits der Weinlage „Zeller Schwarze Katz", die über viele Jahre hinweg weltweit das Etikett vom Moselwein aus Zell schlechthin war, hervorragenden Riesling machen kann. Gerade im Stadtteil Merl sind die Bewohner stolz darauf, dass hier im 17. Jahrhundert die Rieslingrebe an der Mosel erstmals gepflanzt worden sei, wie sie wissen wollen.

Auf dem Boden einer solch langen Tradition unterwarf sich einer ihrer Winzer ganz bewusst wieder der Verpflichtung zur Qualität zu. Das war Albert Kallfelz. Als alle Winzer jammerten, weil die Weinpreise jenseits der besten Lagen ins Bodenlose gefallen waren, nahm er Kredite auf, stellte die Bewirtschaftung seiner Weinberge um, kaufte kontinuierlich Rebflächen hinzu, investierte in moderne Kellertechniken, baute seine Wirtschaftsgebäude und das Gutshaus aus und schrieb ein Buch über die Kultur des Weins und seine Philosophie des Weinmachens.

Er arbeitete auch danach – und schaffte den Sprung in die Schlagzeilen der überregionalen Presse: *Der Stern* entdeckte ihn als Newcomer an der Mosel. *Das Handelsblatt* feierte seine Weine als Sensation. Die Zeitschrift *Alles über Wein* bescheinigte ihm, dass er einer derjenigen Winzer sei, „die in Deutschland beim Weißwein den biologischen Säureabbau ganz perfekt beherrschen". *Der Feinschmecker* nahm ihn unter die dreihundert besten Weingüter in Deutschland auf, die Zeitschrift *essen & trinken* würdigte ihn in einer mehrseitigen Reportage als „Kämpfer an der Mosel" und *Die Welt* qualifizierte einen Riesling aus dem Weingut „Albert Kallfelz" als „charmant, grazil, spritzig, sozusagen ein Fred Astaire unter den Weißweinen".

Ich denke an schwarze Lackschuhe, leichtfüßige Tänzerschritte, Astaires typisches Minenspiel. Tatsächlich: leicht und beschwingt,

„Sorgfältige und konsequente Arbeit."
Arbeiter beim Errichten einer Terrassenmauer

diese Attribute treffen den kallfelzschen Wein. Leicht jedoch war der Weg des Albert Kallfelz nicht.

Ich begreife seinen Pioniergeist, seine Verzweiflung, die in Tatendrang, Hoffnung und Erfolg mündete, seine empfindsame Winzerseele, als er seine Lebensgeschichte offenbart. Er – der Knorrige, der sich nicht verbiegen lässt, der sagt, was er denkt – hat nicht nur Bewunderer. Dem Erfolgreichen werden ja gerne Steine in den Weg gelegt. Aber einer wie Kallfelz gibt nicht auf, er krempelt die Ärmel wieder und wieder hoch und erledigt beharrlich seine Arbeit. Er tut, was er tun muss. Kallfelz ist ein Mann mit Eigenschaften, hat Prinzipien – und ist keiner, der aus seinem Herzen eine Mördergrube macht.

Bei seinem Wein versucht er, die Harmonie der natürlichen Ressourcen des Weinbergs herzustellen. Ein Zuviel an künstlicher Düngung oder an aggressiven Spritzmitteln hält Kallfelz für eine Sünde, Wildkräuter als Gründünger für geeignet. Sein Credo lautet: „Arbeite mit der Natur, nie gegen sie." Als er es vor vielen Jahren erstmals aussprach, war er an der mittleren Mosel mit dieser Einstellung ganz allein. Doch das beflügelte ihn: „Wein und Mensch sind einmalig, sind nur unverfälscht eine Besonderheit."

„Der Schiefer muss im Wein seine Spuren hinterlassen."
Geschichtete Schieferplatten und Schieferblöcke eines Bergplateaus

Kallfelz lässt keinen Zweifel aufkommen: „Weine müssen zuverlässig sein – wie eine Freundschaft!" Und die ist für einen wie Kallfelz, der einen langen Weg zurückgelegt hat und die Einsamkeit der Wüste kennt, ein heiliges Gut.

Aus dem eineinhalb Hektar großen Familienbetrieb machte er im Verlauf der letzten zwanzig Jahre ein kleines Weinimperium. Kallfelz bewirtschaftet heute 19 Hektar eigenes Rebland. Darüber hinaus hat er mit weiteren Winzern am Fluss Pacht- und Lieferverträge abgeschlossen. Es sind Winzer, die ihre Weine zuvor fast ausschließlich im Fass verkauften. Seit einigen Jahren liefern sie nun schon ihre Trauben an das Weingut „Albert Kallfelz" – oder Kallfelz bearbeitet als Pächter deren Weinbergsflächen. Das sichert diesen das Überleben, liefert aber Kallfelz genau die Trauben, die er braucht, um die Nachfrage nach seinen Weinen decken zu können. Sein Imperium wuchs so auf insgesamt stattliche 43,4 Hektar an. Damit ist er heute eine Ausnahmeerscheinung an der Mosel.

Sowohl bei der Wahl der Winzer, mit denen er zusammenarbeiten will, als auch bei der Wahl der Rebflächen, achtet Kallfelz besonders darauf, beste Traubenqualität zu bekommen. Nur diese festigt seinen guten Ruf. Und nur so können sich seine Investitionen in die notwendig gewordenen neuen Wirtschaftsgebäude, die Kellertechnik, aber auch in die Ausstattung des Gutshauses in Merl amortisieren.

Geringe Erträge bei überdurchschnittlich hohen Werten an kostbaren Mineralstoffen in jeder einzelnen Traube zu erreichen, das war und ist sein Ziel. Verschiedene geeignete Arbeitstechniken im Weinberg, der radikale Rückschnitt der Reben, naturnahe Bodenbearbeitung – machen es möglich. Und dieses Qualitätsbewusstsein wird auch honoriert. Hugh Johnson zählt Albert Kallfelz zur deutschen Spitze. Belobigungen wie diese sind sein Lebenselexier. Dafür ist er bereit, die Mutter Erde seines Weinbergs auf Händen zu tragen. „Wein ist Leben, so wichtig wie Brot", sagt er.

Traditionell schmücken rote Geranien das kallfelz'sche Gutshaus, das aus Bruchstein gemauert ist und in Merl dicht an der Moseluferstraße liegt. Ein schöner Kontrast. Das Tal ist hier schmal. Auf der gegenüberliegenden Seite des Flusses steigt das Rebland sanft an. Es ist durchsetzt von Sträuchern, Laub- und Nadelbäumen. Agrokultur und Mischwald gehen hier ineinander über. Die Mosel nimmt das dunkle Farbenbild dieses schattigen Nordhangs in ihr Flussbett auf. Sie gleitet blaugrün und tiefgrau schimmernd dahin, während die besten Weinlagen des Weinguts „Albert Kallfelz" auf der richtigen Seite in der Sonne glänzen.

Siehe, endlich entglitt ihm der Zauberpinsel

Wer sich nach einer weinseligen Runde in der Probierstube von Albert Kallfelz fürstlich betten möchte, kann sich zwei Mal freuen. Das ehemalige Kurfürstliche Schloss in Zell ist heute das Hotel „Schloss Zell“. Und im zwei Kilometer entfernt gelegenen Alf lädt die Burg Arras dazu ein, das Land der Mosel von der Spitze eines Bergkegels aus zu bestaunen – und dann in aller Stille die Nacht zu verbringen. Das kann man schon seit einigen Jahren tun, seit Maria und Otto Keuthen diese älteste Befestigungsanlage an der Mosel in ein kleines liebevoll eingerichtetes Hotel verwandelt haben. Das wehrhafte Gemäuer trotzt so heute noch heftigsten Gewittern und Stürmen, während Bacchus bis zum erwachenden Morgen langsam aus den Kissen entweicht.

Auch eine Führung durch das Burgmuseum bietet sich an. Eins der grafischen Kabinette hält eine wunderschöne Sammlung von Moselpanoramen bereit, die im 19. Jahrhundert gefertigt wurden, als gruselsüchtige – und doch empfindsame – Engländer den Fluss und seine Schönheit entdeckten. Den Rhein und die Mosel bereist, gesehen und gefühlt zu haben, gehörte damals einfach zum guten Ton und löste romantische Begeisterung aus. Die „Sentimental Journey“ des Tristram Shandy wollte jeder selbst erleben.

Clarkson Stanfield war einer von diesen empfindsamen Schwärmern. Der Fluss, die Landschaft, Kirchen und Burgen reizten ihn ungemein. Stanfield gewährt uns mit seinen Stichen und Aquarellen einen Rückblick in die Vergangenheit, auf eine romantische Mosellandschaft, die die Fantasie des Betrachters zu beflügeln vermag. Wir sehen sie nicht mehr mit den Augen des Feldherrn oder des Winzers, sondern nehmen das Spiel des Schattens und des Lichts wahr, jenes Spiel der Natur, das jeden, der Augen für die Mosel hat, zu jeder Zeit in seinen Bann ziehen konnte und kann.

Natürlich gibt es auf Burg Arras noch viel mehr zu entdecken: das Kaminzimmer, den Rittersaal, ein zweistöckiges Verließ und natürlich den 20 Meter hohen Wehrturm. Die Aussicht von dort oben ist gigantisch. Und ganz in der Nähe befindet sich der Bremmer Calmont. Das ist der steilste Weinberg Europas. Dort wird tatsächlich immer noch unter schwierigsten Bedingungen Weinbau betrieben.

Blaue Hortensie

Rainer Maria Rilke

So wie das letzte Grün in Farbentiegeln
sind diese Blätter, trocken, stumpf und rauh,
hinter den Blütendolden, die ein Blau
nicht auf sich tragen, nur von ferne spiegeln.

Sie spiegeln es verweint und ungenau,
als wollten sie es wiederum verlieren,
und wie in alten blauen Briefpapieren
ist gelb in ihnen, violett und grau;

Verwaschnes wie an einer Kinderschürze,
Nichtmehrgetragnes, dem nichts mehr geschieht:
wie fühlt man eines kleinen Lebens Kürze.

Doch plötzlich scheint das Blau sich zu verneuen
in einer von den Dolden, und man sieht
ein rührend Blaues sich vor Grünem freuen.

Mein Sommer mit Calmont

„Der Sommer und seine Glut sind auf der Höhe, die Mittagssonne ist einem Funkenbrand gleich, einer lodernden Fackel, die ihren Feuerregen in die Weinberge wirft. Die Luft steht still, sie ist wie kochend im Weinberg. Luft und Berg versprühen Hitze, nur die Mosel, die unten, zur Linken der weißschimmernden Straße gleitet, spricht noch von Kühlung; aber sonnenbeglänzt ist auch sie“, schreibt Clara Viebig in ihrem Buch „Die goldenen Berge“ über die temperierte Stimmung am „Calmont“, jenem steilsten Weinberg Europas, der auf gut zwei Kilometern zwischen den Weindörfern Bremm und Ediger-Eller im heißen Sommer das Tal der Mosel von der kühleren Eifel abschirmt.

Der Schieferboden des Calmonts soll bis zu 60 Prozent Steine enthalten, weshalb sich dieser Berg stärker erwärme und die Temperaturen länger speichern könne als andere Weinlagen hier, sagt man. Das sei auch der Grund für seinen ungewöhnlichen Namen. Wissenschaftler wollen ihn von „Calidus mons“ – für heißer Berg herleiten. Andere führen ihn auf „Calvus mons“ – kahler Berg zurück. Clara Viebig kleidet diesen Weinberg – jenseits von wissenschaftlichen Haarspaltereien oder nüchternen Prozentwerten – stimmungsvoll in Worte und setzt seine Faszination literarisch in Szene: „Die Sonne vergoldete alles. Der Fluss war nicht Wasser mehr, sein Spiegel war aus blankem Metall. Selbst der Staub, der sich auf die Schuhe legte, war Goldstaub. Der Klosterberg drüben war mit Gold begossen und die Wiese um die Klosterruine, über der droben das Kirchlein liegt, auch.“ Diese Klosterruine, die einmal ein adliges Damenstift gewesen ist, befindet sich vis à vis des Calmonts auf der anderen Moselseite, sie gehört zum Stimmungbild des Calmonts ganz einfach dazu.

Ich klettere von Felsenrippe zu Felsenrippe. Man kann das mittlerweile wagen. Die Bewohner der beiden Weindörfer Bremm und Eller legten vor ein paar Jahren einen neuen Weg an, den

„Der Boden des Licht durchfluteten Tals der Mosel."
Im Schiefer wird (Sonnen-) Wärme über Nacht gespeichert.

Calmont-Klettersteig. Das Durchwandern dieses einzigartigen Bergs, quer zum Steilhang, ist jetzt für Jedermann möglich. Man benötigt nur feste Schuhe und man sollte auch schwindelfrei sein. Bis zu 65 Grad Hangneigung hat der Berg. An besonders schwierigen Streckenverläufen helfen einem Leitern, Handläufe, Zinken und Stufen weiter. Die Wanderung nimmt ohne Zweifel alpinen Charakter an und man fragt sich, ob der extremen Situation des Geländes, wie es ein Winzer heutzutage nur mit der Arbeit seiner Hände allein überhaupt schafft, den Berg noch effizient und nutzenbringend zu bewirtschaften?

Um sich solchen Mühen überhaupt auszusetzen, benötigt man eine gehörige Portion Bodenständigkeit und Idealismus. Ulrich Franzen, der Inhaber des Weinguts „Reinhold Franzen" in Bremm, ist allerdings nicht der einzige Winzer, der Parzellen in der steilen Weinlage „Bremmer Calmont" bebaut. Er ist aber zweifellos der erfolgreichste hier. Es ist wohl auch die Liebe zur Mosel, die einen Winzer wie Ulrich Franzen dazu bestimmt, im steilsten Weinberg Europas die Weinbautradition fortzuführen. Er ließ vor kurzem sogar eine Zahnradbahn errichten, die ihn, zwischen Himmel und Mosel schwebend, zu einer „Bergkaule" in 330 Metern Höhe befördert.

Kaulen, erklärt Franzen, seien Kuhlen zwischen den Felsengraten, in denen am Calmont der Wein wachse. Flickenteppichen gleich schmiegen sie sich an den Berg. Daneben hängen hier noch die Reste von alten Weinbergsmauern zwischen den Felsenrippen. Und auch wild wachsende Büsche schießen aus dem Boden, sie verdrängen die Reben. Die Wildnis ist in den vergangenen Jahren gnadenlos in das alte Kulturland vorgedrungen, weil die handwerkliche Weinherstellung unter den Voraussetzungen des harten globalen Wettbewerbs und den besonderen Bedingungen des steilen Bergs nicht mehr rentabel war. Früher quälten die Winzer sich hier auf einer doppelt so großen Fläche wie heute, doch fast alle gaben auf.

Nur mehr knapp neun Hektar werden im Calmont derzeit noch bebaut. Das aber kann einen wie Franzen nicht erschüttern. Er hat hier oben seit dem Frühjahr 2002 fast einen Hektar Gebüsch gerodet und neu mit Riesling bepflanzt. In fünf Jahren würden bis zu 6000 neue Reben mineralisch kraftvolle Weine hervorbringen, so Franzens hoffnungsvolles Kalkül. Das Terroir des Calmonts dürfe man ganz einfach nicht brach liegen lassen, betont Ulrich Franzen und man spürt, dass bei diesem Thema die Winzerseele aus ihm spricht. Bodenanalysen hätten ergeben, dass er seine Reben in den nächsten zwanzig Jahren nicht zu düngen brauche, erzählt er und verweist auf die unglaubliche Kraft der Natur, die im Calmont stecke. Die Rebwurzeln könnten sehr tief in die Felsspalten eindringen. Sie strebten unterirdischen Wasseradern zu, während die Sonne an der Oberfläche den Felsen erwärme und die Trauben mit doppelter Kraft reifen ließe.

Man versteht, dass man von diesem ganz besonderen Berg, der seine großen Gaben nur nach langen Mühen schenkt, nicht mehr ablassen kann. Ein erdverbundener Mensch wie Ulrich Franzen schon gar nicht. Der Berg scheint ihm und den anderen Winzern aus Bremm die Kraft zu geben, die in ihm selbst steckt. „Die spinnen, die Moselaner", so kommentierte Slow-Food-Journalist Till David Ehrlich vor kurzem das unglaubliche Winzergeschehen am Berg, nachdem er mit Franzens Zahnradbahn den Gipfelsturm auf den Calmont gemacht hatte. Am Ende meinte er allerdings überzeugt, dass die Moselaner von einer entwaffnenden, bewundernswerten Zähigkeit seien.

Das Winzerdorf Bremm, in dem Ulrich Franzen lebt, kauert noch genau so zu Füßen des Calmonts wie seinerzeit, als Berg und Dorf die Schriftstellerin Clara Viebig zu ihrem Roman inspirierten. Wie damals schmücken Blumen die Fensterbänke. Auf jedem Sims, auf jedem Treppenaufgang verschwenden Geranien, Petunien, Margeriten, Fuchsien oder Hortensien ihre bunte Pracht. Und hier und da gedeiht in den Gärten der Winzerhäuser ein Feigenbaum. Er wächst nicht so üppig wie die Bäume jenseits der Alpen, aber süß sind seine Früchte dennoch. Franzen hat selbst im Calmont Feigen und auch Pfirsischbäume gepflanzt. Das gibt ihm ein mediterranes Flair.

Die Klosterruine gegenüber ist hinreißend schön, ganz mystisch. Gut hundert adlige Frauen sollen Kloster Stuben, wie das Stift damals hieß, mitsamt den dazugehörigen Weingärten einst bewirtschaftet haben. Vielleicht waren sie sogar die ersten Winzerinnen an der Mosel! Die Frauen in den weißen Kleidern mit den schwarzen Mänteln und Schleiern kultivierten im 12. Jahrhundert hinter den Klostermauern aber nicht nur den Wein. Sie sollen mit der Zeit durch einen derart lockeren Lebenswandel und zügellose Ausschweifungen aufgefallen sein, dass das Kloster 1794 geschlossen wurde. Seine Gemäuer verfielen. Einzig die Ruine der Klosterkirche überdauerte die Zeitläufte. Sie ist malerisch in jedem Licht – in der Stunde des Mittags von der Sonne hell beschienen, rotgolden im Schimmer des Abendlichts, silbergrau am Morgen eines hereinbrechenden Herbsttags, sobald sich die ersten milchig weißen Nebelschwaden zwischen Himmel und Erde schieben.

„Krönen Sie Ihren Rundgang mit einem Rendezvous beim Wein!", kann man in einer Broschüre über den Calmont lesen. Dieser Einladung sollte man ohne jedes Zögern folgen. Als Wein empfiehlt sich der „Calidus mons". Dieser Riesling mit dem Duft von wildem Zitronenthymian, Süßholz und Feigen vermittelt wie kein anderer aus dem Keller des Weinguts „Reinhold Franzen" den eigenwilligen, mineralisch geprägten Weinstil, den Ulrich Franzen so erfolgreich pflegt.

Die Rose blüht im Wein

„Rose, oh reiner Widerspruch, Lust, Niemandes Schlaf zu sein unter so viel Lidern", sagt Rainer Maria Rilke über die Königin unter den Blumen, die an der Mosel in nahezu jedem Garten blüht. Sie schmückt hier selbst die einfachsten Bauerngärten und dekoriert noch an Allerseelen die Kirchhöfe. Selbst einzelne Weinberge werden hier von Rosenstöcken eingefasst. Kann es so für eine Weinlage einen schöneren Namen geben als „Rosenberg"? In Pommern, am unteren Lauf der Mosel, liegt er, der „Pommerner Rosenberg".

Das Leben im Weindorf Pommern wurde einst allerdings von einem ganz anderen Berg maßgeblich geprägt, dem „Martberg". Auch wenn dort heute keine Pilger mehr archaisch um den ersehnten göttlichen Beistand flehen – ihre Spuren findet man noch immer. Vor mehr als 2000 Jahren kamen sie hierher. Und sie schätzten den Ort Pomaria, wie Pommern damals hieß, wegen seines vorzüglichen Weins. Pomaria war sogar unter den griechischen und römischen Weinhändlern so beliebt, dass sie immer wieder hierher zurückkehrten und einige Tage im Dorf blieben, um die edlen Tropfen zu genießen. Sie gingen auch hinauf zum Martberg, der oberhalb des Dorfs liegt. Pomaria war bereits in der Antike ein Weinort und sein heutiger Name ist vom lateinischen „Pomerium" – das heißt Obstgarten – herzuleiten. Doch nicht die Apfelernte, die es hier auch gab, hat den Ort Pommern reich gemacht, sondern allein der Wein.

Ich fahre nach Pommern. Bruno Fuchs, der Inhaber des Weinguts „Leo Fuchs", ist der Winzer im Dorf, der es wagt, seine Träume zu leben. Es ist Herbst, die Traubenlese überall beendet. Die Frauen haben ihre Häuser mit Kürbissen und herbstlichen Blumen geschmückt. Lange Zeit glaubte ich, dass nur die Weinbergsarbeit an der Mosel von den Jahreszeiten bestimmt würde, inzwischen weiß ich, dass sich das ganze Leben der Menschen hier daran ausrichtet. Der Kreislauf von Säen und Ernten bestimmt ihre Gespräche. In diesem Herbst reden alle davon, dass sie die reifsten Trauben geerntet hätten, an die sie sich erinnern könnten. Auch die Nussbäume in den Gärten hätten voller getragen als sonst, die Kürbisse seien größer und die Zucchini

„Trauben wie gewohnt von Hand gelesen."
Moderne Maschinen unterstützen die beschwerliche Arbeit.

schmackhafter ausgefallen als in allen anderen Jahren. Natur und Mensch sind hier immer noch eng miteinander verwoben.

Bruno Fuchs ist einer dieser Winzer an der unteren Mosel, dessen Rieslingweine großen Zuspruch finden. Er erntet sogar mit seinem feinfruchtigen Rivaner gute Kritiken. Die Müller-Thurgaurebe, aus der Fuchs seinen Rivaner herstellt, verschwindet an der Mosel mehr und mehr aus den Weingärten. Fast jeder Winzer will nur noch auf den Riesling und auf die roten Rebsorten setzen. Während viele die Müller-Thurgau-Stöcke aushauen, will Fuchs im Steilhang sogar noch mehr Reben dieser Sorte pflanzen oder damit bestockte Lagen kaufen.

Wir sprechen über die Traubenlese im „Pommerner Zeisel", im „Goldberg" und in der „Sonnenuhr". Das sind die besten Lagen des Weinguts. Fuchs hat auch im „Rosenberg" Stöcke stehen. Bis zu fünfmal waren sie in diesem wundervollen ertragreichen Jahr, 2003, im Weinberg, um die Ernte einzubringen. Die Lese war wie immer mühsam, weil die Rebhänge, die Fuchs bebaut, sehr steil sind. Sie sind an manchen Stellen bis zu 60 Prozent geneigt. Die Trauben wurden wie gewohnt von Hand gelesen. Das ermöglicht eine bessere Trennung der guten von den unreifen oder faulen Früchten. In diesem Sommer war es zudem sehr heiß und trocken gewesen, sodass die Trauben außergewöhnlich gesund ausfielen. Auch die Öchslewerte schnellten in die Höhe. Man spricht allerorten bereits von dem Jahrhundertjahrgang 2003, doch davon will Bruno Fuchs zu solch einem frühen Zeitpunkt noch gar nichts wissen. Denn die Trauben enthielten aufgrund der ausgeprägten Trockenheit weniger Säure als in den vorhergehenden Jahren, meint er. Das Süße-Säure-Spiel perfekt auszubalancieren, werde die größte Herausforderung seiner bevorstehenden Kellerarbeit sein. Er hat auch diese Hürde bravourös genommen, so weiß man mittlerweile.

Im Jahr 2004, betont er, würden erstmals auch die neu gepflanzten Weinstöcke in den flurbereinigten Lagen Früchte tragen. Er hat die Reben dort auf Unterlagen aufgepfropft, die nicht viel Wasser benötigen. Klimatische Extremsituationen wie in 2003 kann er so noch besser bewältigen. Ihre Wurzeln müssten aber noch bis zu 15 Meter tief in den Boden treiben, sodass sie viel von diesen wertvollen Nährstoffen Kalium, Kalzium oder auch Magnesium aufnehmen könnten, die im verwitterten Schiefer enthalten seien. Fuchs richtet seine ganzes Können darauf, diese Minerale des Schiefers so fein in den Wein einzubinden, dass die helle, klare Frucht der Traube erhalten bleibt, ohne mineralisch überlagert zu werden.

Die Weine des Guts schmecken pikant, fruchtig, frisch. Bruno Fuchs erzählt von den Auszeichnungen, die er mit seinen Weinen errungen hat. „Ich geb' halt die ganze Liebe rein", zitiert etwa Pit Falkenstein in der Zeitschrift *essen & trinken* den Winzer, der ungeachtet seines Erfolgs bescheiden auftritt. Und das ist vielleicht das Geheimnis seines Könnens. Er weiß, dass die Herausforderungen der Natur einen Winzer demütig machen. Gleichzeitig ist er ehrgeizig genug, die Qualität seiner Weine stetig zu verbessern. Ein schöner Erfolg: *Der Feinschmecker* und auch „GaultMillau" bezeichneten die Resultate der fuchs'schen Arbeit als steilen Aufstieg an der Mosel.

Dabei hatte alles gar nicht so rosig ausgesehen, als Margarethe Fuchs, die Großmutter, die Weichen für das heutige Erfolgsgut stellte. Das war in den zwanziger Jahren des letzten Jahrhunderts. Frisch verwitwet hatte sie damals entschieden, dass ihre Weine aus den Pommerner Lagen künftig bereits im Weingut auf die Flasche gezogen werden sollten, anstatt sie im Fass an die Kellereien in Traben-Trarbach zu verkaufen. Der Grund: Sie hatte ganz einfach den Namen des Dorfes Pommern auf jeder Flasche lesen wollen, die ihren Wein enthielt. Margarethe Fuchs hat es damals geschafft, ihre Gewächse vor allem nach Ostpreußen und in die Lausitz zu verkaufen. Und das brachte ihr ein Einkommen, mit dem sie gut überleben konnte.

Bruno Fuchs beliefert heute auch ausgewählte Restaurants, darunter auch die „Alte Molkerei" in Manderscheid in der Eifel. Sie ist dort, wo sich kaum ein Restaurant findet das der Erwähnung wert wäre, so etwas wie eine Arche Noah des Genusses im kulinarischen Niemandsland. Dass es dort sinnenfroh zugeht, kann man erleben, wenn Claudia Krause, die Inhaberin und Köchin, ihr Zwiebelsüppchen mit Ziegenkäsecroutons mit einem Schuss Vermouth, Cidre und Calvados verfeinert oder für ihre Rote-Beete-Tagliatelle, die sie mit Walnusspesto serviert, die Pasta von Hand herstellt und schließlich die Roulade vom Bachsaibling mit Basilikumfüllung in Weißburgundersößchen schwenkt. Zum krönenden Abschluss gibt es manchmal auch Holunderblüten-Mousse mit Cassis-Sorbet. Und natürlich auch besten Wein. Mit diesen feinfruchtigen Aromen auf der Zunge wird dieses Haus ganz allmählich zum Paradies.

Alte Molkerei

Suppe

Zwiebelsüppchen mit Ziegenkäsecroutons
Zubereitet von Küchenchefin Claudia Krause

Dazu empfiehlt die Gastgeberin Claudia Krause Weissburgunder Sur Lie vom Weingut Mona und Armin Bastgen in Osann-Monzel.
Bedingt durch die hohen Öchslegrade des vergangenen Jahrgangs sind die Weine im allgemeinen alkoholreicher und dadurch kräftiger als das, was man normalerweise von der Mosel kennt. Der fruchtige Weißburgunder, auf der Hefe abgefüllt, mit seiner bekömmlichen Säure hält dem kräftigen Zwiebelsüppchen wunderbar stand, mehr noch: Die Süße der Zwiebel und die Frucht des Weins ergänzen sich zu einem tollen Geschmackserlebnis.

Zutaten für 8 Personen

Für die Zubereitung dieser Suppe müssen Sie 3 Lauchstangen, 1 Gemüsezwiebel, 1 Bund Frühlingszwiebeln, 5–6 Schalotten, 2 Knoblauchzehen, 2 Bund Schnittlauch, 1 Stangenbaguette, 75 Gramm Butter, 2 Teelöffel frischen Ingwer, 1 1/2 Liter Gemüsebrühe, 60 Milliliter Vermouth, 60 Milliliter Cidre (oder Apfelwein), 2 Esslöffel Calvados, 1 Esslöffel Zitronensaft, 100 Milliliter Sahne, Salz, Pfeffer, Muskatnuss und 150 Gramm Ziegenfrischkäse einkaufen.

Zubereitung in ca. 40 Minuten

Das Weiße vom Lauch putzen, der Länge nach aufschneiden und gründlich waschen. Dann quer in dünne Scheiben schneiden. Die Gemüsezwiebel schälen, halbieren und in dünne Scheiben schneiden. Nur das Weiße von den Frühlingszwiebeln klein hacken. Die Schalotten und den Knoblauch ebenfalls zerkleinern. Den Schnittlauch in feine Röllchen und das Baguette in 2 Zentimeter dicke Scheiben schneiden.
Die Butter im Topf zusammen mit den Schalotten und dem Knoblauch bei geringer Hitze schmelzen. Wenn die Schalotte

etwas Farbe angenommen hat, die Frühlingszwiebel, den Lauch, die Zwiebelringe sowie den Ingwer unter Rühren 5 Minuten anschwitzen. Die Brühe aufgießen, aufkochen lassen und das Ganze mit Deckel etwa 25 Minuten simmern lassen. Vermouth, Cidre, Calvados und den Zitronensaft zur Suppe geben und noch einmal 10 Minuten köcheln lassen. Die Sahne dazugießen, mit Salz, Pfeffer und Muskatnuss abschmecken und mit einem Mixstab pürieren.

Den Ziegenfrischkäse mit 1/4 des Schnittlauchs vermengen, salzen und pfeffern. Die Baguettescheiben einseitig damit bestreichen. Unterm Backofengrill hellbraun backen.

Serviervorschlag

Die Suppe anrichten, je 2 Ziegenkäse-Baguettes hineinlegen und mit dem restlichen Schnittlauch bestreuen.

Tipp

Einen Kick kräftiger wird's, wenn man die Ziegenkäse Baguettes mit frischem Parmesan oder einem würzigen Ziegenhartkäse ergänzt. Und immer eine Augenweide sind essbare Blüten (Klee, Blüten vom Schnittlauch, Kapuzinerkresse oder Gänseblümchen) zum Dekorieren der Suppe und auf schönem Geschirr serviert – das lässt Feinschmeckerherzen höher schlagen.

Das erwartet Sie

Die Alte Molkerei ist bekannt für ihre gute Küche. Bei Küchenchefin und Inhaberin Claudia Krause kommt nur das Beste, was die Eifel zu bieten hat, auf den Tisch. Aus Grundprodukten entsteht so feinster Genuss der einfachen Art. Ehemann Martin Krause ist für die Auswahl des Weins zuständig. Ganz oben auf der Liste stehen die Weine der Mosel – alle Tropfen werden persönlich ausgewählt und beim Winzer probiert. Viermal im Jahr finden die Wein- und Gourmettage in der Alten Molkerei statt. Dann können auch die Besucher alle Weine ausführlich selbst probieren. Den aktuellen Veranstaltungskalender der Alten Molkerei bekommen Sie im Internet oder auf Anfrage zugeschickt.
www.die-alte-molkerei.de

Götterkult in Keltenhand

Auf dem Martberg, bei Ausgrabungen einer befestigten Höhensiedlung der keltischen Treverer und ihrer römischen Erben, versuchen die Archäologen auch an der unteren Mosel der keltischen Kultur auf die Spur zu kommen. Als ich den Berg zum letzten Mal erklomm – es sind ein paar Jahre her, an einem Tag im November –, wirkte das Grabungsgelände wild-romantisch. Ein schneidend kalter Wind blies mir ins Gesicht. Die meisten Besucher, Neugierige wie ich, erkannten im archäologischen Profil der Schichten nicht viel mehr als pures Ackerland. Nur mit dem geschulten Blick der Profis war es möglich, die Geheimnisse der Ausgrabungen zu enträtseln; doch mir genügte allein die Vorstellung an diesem historischen Ort zu sein, der bereits vor Caesars Kommen kultisch war, dass ich mehr über den Martberg erfahren wollte.

Hier sollen die keltischen Treverer einst eine Stadt von überregionaler Bedeutung erbaut haben. Eine Stadt – mitten auf den Feldern? Zwischen Himmel und Erde, von weißen Wolkengebilden eingehüllt, während unten im Tal, in den Moselauen, die Sonne das Leben verspricht? Ja, eine Stadt. Die Erkenntnisse der Archäologen lassen keine Zweifel zu, dass auf dem Martberg einmal geschäftiges Leben pulsierte, der Handel florierte. Natürlich auch Religiös-Politisches spielte dabei eine große Rolle, denn die Treverer galten als bigott.

Einfluss hatten ihre Priester, die Druiden, damals mehr als manch einem lieb gewesen sein dürfte. Und den nutzten sie auf allen Ebenen. Hinter den heiligen Mauern – das ganze Bergplateau war mit großen, geschichteten Schieferplatten und Schieferblöcken, die in regelmäßigen Abständen durch hölzerne Pfosten zusammengehalten wurden, umgrenzt – drängte es die Menschen hin zur sakralen Weihestätte, zum Opferaltar eines Vier-Pfosten-Heiligtums, das in seiner Architektur von den profanen Bauten nicht zu unterscheiden war. Allein die Magie des Kultischen hob sich ab.

„Je größer und zahlreicher die Opfer, desto erfolgreicher sind der Kampf und das Leben", orakeln die Druiden in der südöstlichen Ecke ihres Vier-Pfosten-Heiligtums – und die Kelten opfern reichlich: griechische und römische Münzen aus Gold,

„Langsam reifen, bis das Jahr zur Neige geht.“
Herbstlicher Weinstock ohne Laub

Silber und Bronze sind darunter. Aber auch solche aus eigener Prägestätte, zarte Bleiblättchen, Goldrädchen mit gedrehten Speichen – das keltische Glückssymbol –, kostbarer Schmuck mit Ranken oder kunstvoll gefertigte Fibeln wie auch prachtvolle Waffen mit schönen Ornamenten. Es sind Stücke von höchster Kunstfertigkeit!

„Epona, Göttin der Fruchtbarkeit, erhöre uns!“, flehen die Frauen und die Männer huldigen Lenus, diesem mächtigen Kriegsgott, damit er ihnen die Tapferkeit erhalte. Denn der berühmte keltische Mut ist ihre Visitenkarte im Umgang mit der mediterranen Welt. Von dort beziehen sie die begehrten Luxusgüter des Südens. Dorthin bringen sie die Schätze des Nordens: Eisen und Salz. Und natürlich gibt es auch Begegnungen kriegerischer Art. „Lenus sei Heil!“, rufen die Soldaten, wenn sie nach einer siegreichen Schlacht auf dem Martberg zum Opfermahl zusammenkommen. Dann ergreifen sie die kleinen Tonvasen, die alle kultischen Handlungen begleiten und legen ihre prächtigen Waffen nicht weit vom Heiligtum ihres Kriegsgotts Lenus in tiefe Erdgruben hinein. „Lenus, wir opfern dir!“, schallt es über das Bergplateau.

So oder ähnlich muss es sich in vorrömischer Zeit auf dem Martberg zugetragen haben. Übrigens: Es gibt nicht einen antiken

Autor, der in seiner Beurteilung ihres Tuns ein gutes Haar an den Kelten gelassen hätte. Sie seien eine saufende Räuberbande, heißt es in den antiken Schriften. Aber mal ehrlich, so ganz ohne Intelligenz und nur mir wildem Kriegsgeschrei war der Schritt hin zu der ersten Hochkultur West- und Mitteleuropas, den die Kelten vollzogen haben sollen, nicht zu schaffen. Vor allem im Eifel-Hunsrück-Raum, sagt die Archäologin Sabine Rieckhoff, sei die Wirtschaft in den Jahren des ersten vorchristlichen Jahrhunderts eine derart prosperierende gewesen, dass sich entlang des Handelswegs der Treverer, der damals nicht durch das Tal der Mosel, sondern über die Höhenzüge an den Rhein führte, eine hochstehende Kultur den Weg bahnen konnte, durch die auch der Martberg zum kultisch-politischen Verwaltungszentrum wurde.

Kein Wunder, dass sich Caesar so rasch wie möglich dieses Areals bemächtigte und das keltische Erbe konsequent mit römischen Zeichen überzog.

Aus dem Vier-Pfosten-Heiligtum machte man kurzerhand einen gallo-römischen Tempelbezirk, der alles Bisherige in den Schatten stellte. Die Römer wussten eben, wie man dem Volk des besiegten Gegners die bittere Niederlage versüßt. In ihren Siegen waren sie stets generös. So unangenehm generös, dass der bekannte italienische Schriftsteller Umberto Eco argwöhnt, dass er in der Schlacht gegen Caesar lieber auf der Seite der Gallier gekämpft hätte. „Man nimmt einem demokratisch verfassten Gemeinwesen nicht die Freiheit, um ihm dafür nach dem Tod als gnädiges Almosen die Gärten und Parks zum Spazierengehen zu überlassen," kommt es verächtlich aus der Feder des Piemontesen, der sich selbst – wie einst die Gallier – mehr als Kelte denn als Römer empfindet.

Der Martberg soll in den kommenden Jahren als kultische Tempelanlage rekonstruiert werden. Ob die keltischen Überlieferungen stärker als bisher berücksichtigt werden? Wir dürfen gespannt sein.

An der römischen Antike und anderen großen Kulturen führt an der Mosel ganz einfach kein Weg vorbei. Man erkennt die Spuren noch heute, weiß sie zu schätzen. Dass aber ausgerechnet die Mosel am Ausgang des 19. Jahrhunderts auch der Schauplatz für eine aufsehenerregende technische Neuheit namens Automobil wurde, ist so gut wie unbekannt.

Herbsttag

Rainer Maria Rilke

Herr: es ist Zeit. Der Sommer war sehr groß.
Leg deinen Schatten auf die Sonnenuhren,
und auf den Fluren laß die Winde los.

Befiehl den letzten Früchten voll zu sein;
gieb ihnen noch zwei südlichere Tage,
dränge sie zur Vollendung hin und jage
die letzte Süße in den schweren Wein.

Wer jetzt kein Haus hat, baut sich keines mehr.
Wer jetzt allein ist, wird es lange bleiben,
wird wachen, lesen, lange Briefe schreiben
und wird in den Alleen hin und her
unruhig wandern, wenn die Blätter treiben.

Als der Baron verreiste…

Ein Hauch von Fernweh weht im Sommer 1894 über Gondorf, heute Kobern-Gondorf, das fünfzehn Kilometer von Koblenz entfernt am linken Moselufer liegt. Doch die starken Männer von der Mosel tönen: „Die Straße gehört uns!" Die Wege sind unbefestigt, lehmig, sandig und holprig. Die Menschen reisen in Pferdekutschen, sofern sie überhaupt reisen, und in der Eifel und im Hunsrück spannen die Bauern die Ochsen an, wenn sie zur Feldarbeit aufbrechen.

Doch das sollte sich jetzt ändern. Denn in Liberec, im fernen Österreich-Ungarn, der heutigen Tschechischen Republik, startet Baron Theodor von Liebieg am 16. Juli 1894 gemeinsam mit seinem Freund, dem Medizinstudenten Franz Stransky, mit einem Benz-Automobil zur ersten Fernfahrt der Welt. Die beiden Autopioniere durchqueren Deutschland bis zu Liebiegs Sommersitz in Gondorf an der Mosel. Erst im Jahr zuvor hat der 22 Jahre alte Baron, der in Liberec ein erfolgreiches Textilunternehmen leitet, einen Führerschein erhalten – den ersten in Europa, möglicherweise sogar den ersten Führerschein weltweit! Und als er kurz danach sein erstes Auto kauft, einen Benz-Viktoria, übergibt ihm Carl Benz persönlich das Fahrzeug. Das war eben noch sehr exklusiv damals.

Seine Mutter, Baronin Angelika von Liebieg, die Hausherrin des Schlosses an der Mosel, übt sich in Zurückhaltung, was die Teilnahme an motorisierten Ausflügen betrifft. Die Kultur und der Glanz des Schlosses haben es ihr mehr angetan. Für sie birgt das stattliche Gebäude viele Reminiszenzen an die vergangenen Jahre voller wertvoller Ereignisse.

Denn der Ursprung des Schlosses ist alt, in der Niederburg von Gondorf begründet. Sie wurde jahrhundertelang von Adelsgeschlechtern bewohnt. Als die französischen Revolutionsheere 1794/95 das Rheinland besetzten, wurde die Niederburg geplündert und zerstört, verfiel zu einer Ruine. In diesem Zustand

„Der Weinstock allerdings und Bacchus sind geblieben!"
Ein typischer Steilhang

erwarb der Koblenzer Kaufmann Anton Hasslacher von den Franzosen das Gemäuer mit den dazu gehörenden Ländereien. Er ließ die ersten Restaurierungsarbeiten durchführen, doch bereits 1830 trennte Hasslacher sich wieder von diesem herrlichen Anwesen. Neuer Eigentümer wurde Simon Clemens, ebenfalls Kaufmann in Koblenz. Er vererbte die Niederburg schließlich seinem Sohn, dem Koblenzer Bankier Johann Peter Clemens, Angelikas Vater.

Dieser ließ die Niederburg in den folgenden Jahren durch den Kölner Kirchenbaumeister Vinzens Stolp in einen großzügigen, sehr komfortablen Landsitz verwandeln. Um 1861 waren alle Baumaßnahmen abgeschlossen, die Niederburg prächtig wieder hergestellt. Sie prunkte mit Türmen und Zinnen hoch neugotischen Zuschnittes mitten im Ort.

Die Familie führte ein Haus im großen Stil, lebte für Kunst und Kultur. Und Angelika, die Tochter, erfüllte sich einen Herzenswunsch. Sie heiratete 1879 den aus Reichenberg in Böhmen stammenden Freiherrn und Reichsrat Theodor von Liebieg, den Vater des gleichnamigen Autopioniers. Durch diese Verbindung ging das Anwesen mit allen Ländereien in den Besitz des in Böhmen und Österreich ansässigen Hauses „von Liebieg" über.

Geraume Zeit vor der Ankunft von Angelika von Liebiegs autobegeisterten Sohn in Gondorf werden auf dem Gelände des Schlosses umfangreiche archäologische Ausgrabungen aufgenommen. Die Reste eines römischen Herrschaftssitzes mit Mosaikböden werden sichtbar. Steinsärge, Taufbecken, Statuen und Säulen kommen zu Tage. Sie sollen katalogisiert werden, bevor sie dann, den Kunstsinn der Hausherrin unterstreichend, ihren endgültigen Bestimmungsort im Schloss und Park finden werden.

Die antiken und mittelalterlichen Ausgrabungsstücke legen Zeugnis von der römischen und fränkischen Vergangenheit Schloss Liebiegs ab, die jetzt, im Sommer 1894, im Park wieder zu bewundern sind. Selbst der Löwenbrunnen plätschert wieder wie zu der Zeit, als er noch in Trier auf dem Marktplatz stand. Das Schloss steht erneut im Mittelpunkt des Geschehens. Und auch in den Fenstern der Treibhäuser, die sich an den Rebhängen hinter dem Anwesen befinden, spiegelt sich in diesem Sommer der Sonnenglanz intensiver als in den vergangenen Jahren.

Der junge Baron hat aber ganz anderes im Sinn. Er will sich nicht der Traditionspflege des Schlosses widmen, sondern lieber sein Auto, den Benz-Viktoria, steuern. Täglich brechen er und Stransky zu den schönsten Ausflugsfahrten entlang der Mosel und in die nahe gelegene Eifel auf. Es sind die Herausforderungen von Berg und Tal, der Wechsel von Höhen- und Flusslandschaft, die den Reiz dieser Ausflüge ausmachen.

Liebiegs Fahrkünste werden immer besser – trotzdem haben die beiden Lebenskünstler etliche Abenteuer zu bestehen. Einmal werden sie nach einer großen Panne von einem Ochsengespann abgeschleppt, dann machen sie sehr unsanft die Bekanntschaft mit einem Apfelbaum, ein anderes Mal fahren sie unter herunterschwebenden Schranken mitten auf ein Bahngleis, als gerade ein Zug heranbraust. Erst im letzten Augenblick kurbelt der Wärter die Schranken wieder hoch. Das Auto schießt mit einem Satz nach vorn und der Zug rast vorbei. Und dann fliegen ihnen auch noch Pflastersteine um die Ohren, weil einige Männer der Mosel den Fortschritt fürchten und die Gelegenheit wahrnehmen, ihrem Unmut Ausdruck zu verleihen. Doch einen wie Liebieg ficht das nicht wirklich an. Er führt von nun an zwar eine Waffe mit sich, aber Stransky und er singen weiter Mosellieder und nehmen die

Fahrt wieder auf. Bis Baron Theodor von Liebieg schließlich ein paar Jahre später zu einem der erfolgreichsten Benz-Rennfahrer avanciert.

Das ist die Vergangenheit. Bis vor kurzem wurden auf Schloss Liebieg außergewöhnliche Möbel präsentiert. Doch das allein war dem jetzigen Besitzer nicht genug. Er will, dass Schloss Liebieg noch für viel mehr Lebensart steht. Und so wurde der restaurierte Spiegelsaal auch die Kulisse für begehrte musikalisch, künstlerisch und kulinarisch besondere Events. Im November 1991 fiel der Startschuss. Seitdem wird erfolgreich auf allen Ebenen gewirkt: Aufstrebende Köche geben genussreiche Kostproben ihres Könnens; Kantaten und Sonaten verbinden sich mit schmackhaften Menüs zu harmonischen Genüssen; auch Künstler stellen im Schlosspark ihre Skulpturen aus.

Ein ganz besonderes kulinarisches Erlebnis sind die Kochpräsentationen des Top-Sternekochs Dieter Müller, der im Schlosshotel Lerbach in Bergisch Gladbach seine kreativen Dreisterne-Kochkünste unter Beweis stellt. Auch auf Schloss Liebieg brachte er schon mit enthusiastischem Elan sein ganzes Können auf den Tisch.

Und seit im Jahr 2000 in den Räumlichkeiten des Schlosses ein Bulthaup-Küchenstudio eröffnet wurde, entwickelten sich die „Bulthaup-Feinschmeckertage" auf Schloss Liebieg zu einer besondere Geschmackssache.

Natürlich spielen auf Schloss Liebieg auch außergewöhnliche Autos eine wichtige, ja herausgehobene Rolle. Marken wie Ferrari, Jaguar, Porsche oder auch Chrysler stellen vor seinen historischen Gemäuern gerne ihre imposanten Luxusmodelle vor. Wirtschaftlicher Erfolg, Design und Können? Sie suchen ganz einfach die historische und kulinarische Ergänzung, das schöne Ambiente. Betreut werden solche Veranstaltungen von exklusiven Cateringunternehmen. Sie halten das komplette Equipment wie Tischwäsche, Porzellan, Besteck und Gläser für die so zahlreich eintreffenden Gäste bereit. Der ambitionierte Hausherr weiß: Zusammenkommen ist der Anfang, gut Zusammenarbeiten der Erfolg.

Übrigens: Im Sommer 2004 setzten sich deutsche und tschechische Oldtimerfreunde in ihre Karossen, um die Strecke, die Theo-

Marais – Restaurant Français

VORSPEISE

BLÄTTERTEIGTASCHEN MIT KÜRBIS UND SCHINKEN
zubereitet von Chefkoch Jean-Pierre Marais

Dazu empfiehlt Gastgeber J. P. Marais
GONDORFER GÄNS, RIESLING VON DER TERRASSENMOSEL.
Die Leichtigkeit und Säure des Weins harmonieren sehr gut mit der feinen Süße der Kürbisse.

ZUTATEN FÜR 4 PERSONEN

Sie benötigen 350 Gramm Blätterteig, 2 Esslöffel Öl, 1 fein gehackte Zwiebel, 3 Teelöffel Currypulver, 1/2 Teelöffel Piment, 1/2 Teelöffel Kurkuma, 350 Gramm Kürbis in Würfeln, 80 Gramm gekochten Schinken in Würfeln, 200 Milliliter Geflügelfond, 1 Esslöffel groben Senf, Salz, Pfeffer und 1 Ei.

ZUBEREITUNG IN CA. 30 MINUTEN

Die Zwiebelwürfel in Öl anschwitzen. Kürbiswürfel und Gewürze dazugeben und anschwitzen. Dann mit dem Fond 8–10 Minuten köcheln lassen. Der Kürbis muss gar und der Fond eingekocht sein. Die Schinkenwürfel zugeben, mit Senf, Salz und Pfeffer abschmecken. Dann abkühlen lassen.

Den Blätterteig dünn ausrollen, Kreise von 8–10 Zentimeter Durchmesser ausstechen, einen Löffel von der Kürbismasse darauf geben und zusammenklappen. Mit dem aufgeschlagenen Ei einpinseln. Anschließend bei 200 Grad Celsius ca. 25–30 Minuten backen.

SERVIERVORSCHLAG

Die Blätterteigtaschen auf Blattsalat mit Nuss-Vinaigrette anrichten – das kann auch ein leichtes Abendessen sein.

Tipps

Muskatkürbis ist bestens für dieses Gericht geeignet. Die Vorspeise kann bereits einige Stunden vor dem Servieren vorbereitet werden. Einfach mit Folie abgedeckt im Kühlschrank aufbewahren.

Das erwartet Sie

Das Restaurant „Marais“ liegt im historischen Schloss Liebieg in dem kleinen Örtchen Kobern-Gondorf. Inhaber und Chefkoch Jean-Pierre Marais hat sich zum Ziel gesetzt, in diesem Ambiente eine hohe kulinarische Qualität zu bieten. Am ersten Donnerstag im Monat können Hobbyköche und Weinfreunde einen Einblick in die Küche des Schlossrestaurants erhalten. Gemeinsam wird dann ein Menü erstellt. Wer möchte, darf gern mitarbeiten. Zu den Gerichten werden die passenden Weine gereicht.
www.jp-marais.de

dor von Liebieg 1894 zurückgelegt hatte, in einer Oldtimerrallye mit historischen Autos nachzufahren. Als sie am 25. Juli 2004 in Gondorf eintrafen, blickten die Zuschauer in strahlende Gesichter. Die Oldtimerfahrer vermittelten allen wie seinerzeit Liebieg und Stransky die Lust an Abenteuer und Lebensart. Auf Schloss Liebieg hatte man alles gut vorbereitet, das Ende der Ralley mit dem jährlich stattfindenden Sommerfest zusammengelegt. Auch der 73-jährige Enkel des damaligen Autopioniers, Textilkaufmann Paul Ernst Freiherr von Liebieg – er ist heute im hessischen Bad Soden-Salmünster zu Hause –, war mit von der Partie und begeistert. Er hatte als Kind seinen Großvater noch erlebt: „Zu der Zeit ist er aber längst chauffiert worden", sagt er.

Heute ist Schloss Liebieg wieder das, was es einmal war; ein Refugium der umfassenden Lebenskunst. Für die Nostalgie gibt es eine Reihe geschmackvoller Oldtimer.

Seit dem Herbst des Jahres 2003 beherbergt Schloss Liebieg auch ein eigenes Restaurant: Das „Restaurant Marais". Inhaber Jean Pierre Marais hat sich zum Ziel gesetzt, in diesem historischen Ambiente eine dem wunderbaren Ort angemessene, qualitativ anspruchsvolle Küche anzubieten. Bei Monsieur Marais bekommt man köstliche Speisen – und alle sind von der französischen Küche inspiriert.

Darüber hinaus kann hier aus Konsumieren auch Herstellen werden. Welcher Kochbegeisterte träumt nicht davon, in einem richtigen Schloss einmal in die Töpfe eines hervorragenden Kochs zu schauen? Auch das ist möglich. „Kochen & Genießen" lautet das Motto, wenn Maître Marais zu ausgewählten Terminen ins Schloss einlädt, um interessierten Hobbyköchen und Weinfreunden die Kniffe der Kochkunst zu vermitteln. Wer will, darf mitarbeiten. Wer sich an keine Arbeit wagt, beobachtet und probiert: die Saucen, die Farcen – und natürlich den Wein, dessen Trauben hier am Unterlauf der Mosel auf unzähligen Terrassen wachsen.

Wenn die Eule ruft

„So müsste man den Stein aufheben können und in wilder Hoffnung halten, bis er zu glühen beginnt, wie die Musik ein Wort aufhebt und es durchhellt mit Klangkraft", so bemüht Reinhard Löwenstein die Dichterin Ingeborg Bachmann, als er poetisch vom Klang des Schiefers seines Weinbergs erzählt. Auch Pablo Neruda wird zitiert: „Freundschaft auch der Menschenwesen, Transparenz, von Blüten ein Überschwang." Schwanengesang, schießt es mir durch den Kopf.

Ein Feuerwerk der Sinne, nur einmal noch, an den Winninger Terrassen, ein letztes Mal, bevor die Mosel in Koblenz in den Rhein mündet und sich mit Grandezza verschenkt. Wie eine gotische Kathedrale, sagt Stuart Pigott, recke sich der bedeutendste Weinberg dort, der „Winninger Uhlen", dem Himmel entgegen. Unzählige, übereinander liegende Terrassen umklammern den steilen Fels, um den Reben Raum zu geben. Die Einheimischen sprechen sogar von Chören, wenn sie diese Rebfläche meinen. Der Winninger Uhlen ist ein bizarrer Weinberg. Anders als alle anderen. Selbst der Name klingt magisch. Vielleicht trifft ja zu, dass er dem norddeutschen „Uhlen" für Eule entlehnt ist, so wie Stuart Pigott spekuliert. Die Eule würde der weihevollen Weinmystik jedenfalls den schieren Überfluss bescheren. Gilt sie doch im Volksglauben als orakelnder Bote, der dem Zauber dient. Wenn sie, die zur Gattung der Nachtraubvögel zählt, wirklich hier ihr Unwesen triebe, müssten die Smaragdeidechsen, Nattern und Ottern auf der Hut sein, möchte man meinen. Selbst der Apollofalter, der weißschwarze Schmetterling mit den rotschwarzen Augenflecken, dieser seltene Edelfalter, der den „Uhlen" mit seiner Schönheit schmückt, würde sich in den Nischen der Felsen verkriechen. Doch die Eule schweigt still. Sie bewegt sich nicht. Apollos göttlicher Flügelschlag lässt statt dessen die Musen erwachen.

Die alte Magie ist es, die Winzer wie Reinhard Löwenstein vom Weingut „Heymann-Löwenstein", Andreas von Canal, Inhaber des Weinguts „Freiherr von Heddesdorff" oder Beate Knebel vom Weingut „Reinhard & Beate Knebel" mit ihren Weinen der Winninger Lagen, vor allem vom „Uhlen", auszudrücken

„Smaragdeidechse, Nattern und Ottern."
Reiche Tierwelt im Weinberg

versuchen: eine Annäherung an die archaische Welt des Weins. Gerade Reinhard Löwenstein steht dafür. Denn kaum ein anderer Winzer hat es in den letzten Jahren verstanden, das Produkt „Wein", das sich nicht zuletzt durch Parameter wie Restsüße, Säure und Alkohol oder gesetzlich normierte Qualitätsstufen rational definieren lässt, mit versteinerten Klangmelodien derart emotional zu überhöhen. Einer wie er spricht nicht über den Wein, er lebt mit ihm, liebt ihn, interpretiert ihn. Das macht seine Art, Wein zu machen, so einzigartig. Der Feinschmecker bescheinigte Reinhard Löwenstein, an der Terrassenmosel unumstritten die Nummer Eins zu sein. Man erkennt seinen Stil auf den ersten Schluck: Er vinifiziert Weine, die ganz ungewöhnlich schmecken – sie sind mineralisch, konzentriert, dicht. Mit dem moselländischen Blut seines wilden Herzens gelingen ihm nicht nur ungewöhnliche Kreszenzen, er hat eine ganze Landschaft neu ins Bewusstsein der Liebhaber mineralischer Weine gebracht.

Kann man sich vorstellen, dass Weine aus dem „Uhlen" etwas von den uralten Verwerfungen der Kontinente, den Umschichtungen der Meere oder sogar vom ozeanischem Meeresboden in sich haben? Fossilienfunde verschiedenster Muscheln, Korallen und Krebse, die im „Uhlen" aufgspürt worden sind, weisen darauf hin, dass die schräg aufgerichteten Schieferformationen des Bergs einmal der Boden eines tropischen Meeres waren, als Europa vor gut 400 Millionen Jahren südlich des Äquators lag. Die Fossilien enträtseln uns die spannende Geschichte tektonischer Verwerfungen kontinentaler Platten; sie berichten von Sedimenten, die herausgehoben, gedreht und wieder gesenkt wurden und sie legen Zeugnis ab von der Kraft der Natur, die im Laufe von Millionen von Jahren die heutigen Schieferformationen der Mosel geschaffen hat. Sommer, Sonne, Süden. Schließlich findet sich all das im kühlen Norden in einer der wenigen Lagen im Grenzbereich der Klimate, an denen Wein überhaupt noch angebaut werden kann, ein Stück weit wieder!

Ich begreife, dass der Schiefer ganz einfach im Wein seine Spuren hinterlassen muss, vielleicht sogar in ihm klingt, wie es Ingeborg Bachmann beschreibt. Jener Schiefer, der so vielfältig ist wie die Weine, die auf dem Boden des Licht durchfluteten Tals der Mosel immer wieder neu entstehen. Es sind Weine von unvergleichlicher Aromenvielfalt und verführerischem Süße-Säure-Spiel. Im „GaultMillau“ heißt es daher über Reinhard Löwenstein: „In 2002 gehören Löwensteins trockene Gewächse mit zu dem Finessenreichsten, was wir in diesem Jahrgang an trockenen Rieslingen im ganzen Gebiet probiert haben.“ Auch Michel Bettanne, Chefredakteur der sehr renommierten französischen *Revue du Wine de France* gibt sich überzeugt: „Reinhardt Löwenstein est le plus récente des grands stylistes de la Moselle.“ Bettanne zeichnet gleich vier Weine aus Löwensteins 1999er Jahrgang mit fünf Sternen aus.

Man liest nicht nur über Reinhard Löwenstein, er verbreitet seine Mission auch gern selbst. Löwenstein schreibt über Öchsle und Terroir, über „die Cocacolaisierung des industriell verordneten Geschmacks“ und darüber, dass Terroir ein önologisches Manifest sei: „Der Aufstand und die weltweite Begeisterung für einen kulturbeseelten Wein“.

Er sagte einmal, perfekte Weine würden keine Frage mehr aufwerfen, nichts mehr in Frage stellen; sie klängen „digitalisiert wie ein in Klarsichtfolie eingeschweißter Grundton.“ Faszinierend allein seien Weine, die uns teilhaben ließen an der Vielfalt der Natur, „am Geschmack von Regen und Trockenheit, von Hitze und Kälte, an der Arbeit und den Träumen der vielen Menschen, die sie auf dem Weg ins Glas begleitet haben.“

Man muss noch einmal Rainer Maria Rilke hören, jenen Sprachvirtuosen, der mit wenigen Worten eine so magische Weinlage wie den „Winninger Uhlen" in das Geheimnis des Ganzen zu tauchen vermag: „Weinbergsterrassen wie Manuale: Sonnenschlag den ganzen Tag. Dann von der gebenden Rebe zur Schale überklingender Übertrag. Schließlich Gehör in empfangenden Munden für den vollendeten Traubenton. Wovon ward die tragende Landschaft entbunden? Fühl ich die Tochter? Erkenn ich den Sohn?"

Wein, das zeigen nicht nur diese Zeilen, sondern auch das eigene Erleben, ist weit mehr als ein weiter verarbeitetes gartenbauliches Erzeugnis oder landwirtschaftliches Produkt. Wein ist mehr als nur ein Getränk und mehr als ein pures alkoholisches Genussmittel, über dessen Essenzen im Spätherbst allein der Kellermeister entscheidet oder die Europäische Union, wenn sie in Brüssel versucht, die europäische und damit auch die deutsche Weinherstellung zu regulieren. Wein ist ein mystischer Trank. Er steht für Lebensstil, Freude am Genießen, auch für Kennerschaft; er mag sogar zum Statussymbol werden.

Das muss wissen, wer Wein anbaut und wer mit dem Wein den Reichtum einer ganzen Region offerieren möchte. Die „Köche und Winzer an der Terrassenmosel", so heißt die von Reinhard Löwenstein ins Leben gerufene Initiative der kreativsten Vertreter ihrer Zunft an der unteren Mosel, haben es erkannt. Sie verstehen es, mit dem Pfund ihrer Region zu wuchern. Im Einklang mit Wein, Landschaft und Tradition haben sie ein Gesamtkonzept entwickelt, das sich mit Winston Churchill auf die Formel bringen lässt: „Man soll dem Leib etwas Gutes bieten, damit die Seele Lust hat, darin zu wohnen."

Wein ist mystisch und nur die Mystik erklärt den Wein erschöpfend. Denn die Harmonie unter den Göttern entscheidet über das Gelingen des edlen Tropfens. Langsam beginnt man zu verstehen. „Ohne Bacchus friert Venus!" Reinhard Löwenstein ahnt es und lädt unter diesem Motto zu einem kulinarischen Abend ins hauseigene Weingut ein. Er schürt unsere Neugier und führt uns in eine andere Welt. Die Autorin Friederike Wappenschmidt übernimmt die Regie und erzählt uns die Geschichte der Venus, dieser idealen Grenzgängerin zwischen Himmel und

Erde, die, begleitet von ihrem Sohn Amor, die Natur mit der Kraft der Liebe belebt.

Venus und Amor, Bacchus und Ceres, die Göttin des reich gedeckten Tischs? Wie konnten sie zusammenfinden – ohne im eisigen Hauch des bevorstehenden Winters zu erfrieren oder durch die von Eifersüchteleien gespeisten eiskalten Intrigen zwischen den Göttinnen zu erstarren? Damit dies geschieht, weist Amor, der hübsche Knabe mit dem braun gelockten Schopf, dem Gott des Weins die Traubenrebe als Symbol der Macht, so wie es der Kult besagt. Und Bacchus, der Verführer, reicht Venus eine Schale mit Wein, worauf die Eifersüchtelei der Göttinnen den Stachel verliert: „Venus im Wein ist wie Feuer im Feuer."

Reinhard Löwenstein aber wäre nicht Reinhard Löwenstein, lockte er jenseits der irdischen Sehnsucht nach beglückender Harmonie in Einklang mit den schönen Gaben der Schöpfung nicht den ganzen Bacchus. Jenen Knaben, der seinen Verehrern im Symbol der Weintraube den „Enthusiasmos" einhaucht und als „Lysios" die Fesseln der Menschen sprengt. Eine Metapher, die sich übrigens im Weinberg wiederfinde, lässt uns Ulrike Wappenschmidt wissen. Wenn man etwa beim Spaziergang dem Bild der christlichen Maria mit Kind begegne, das mit einer Traube spiele, „dann mögen aus tiefsten Schichten menschlicher Erinnerung Bilder des heidnischen „Traubenbekrönten" und „Efeuumkränzten", des „Beglückers" und „Seelenverwirrers" auftauchen, der der großen Mutter Venus Veilchenkränze flicht, ihr den Nektar himmlischer Verführung reicht und sie, solange er bei ihr weilt, nicht frieren lässt."

Noch ein Blick zurück. Die Götter verblassen. Die Welt hat uns wieder. Wir kehren bei Eva und Thomas Balmes im „Restaurant Halferschenke" in Dieblich ein. Man kann in ihrem kleinen, hübschen Restaurant zu so bodenständig klingenden Menüs und sehr fein zubereiteten Speisen wie Welsfilet auf Linsengemüse, Frischlingsrücken mit Holunder-Weinbergspfirsichkompott und geeistem Tresterparfait noch einmal bei einem Glas Wein vom „Uhlen" träumen. Thomas Balmes wird seinen Ansprüchen immer gerecht und bringt nie etwas Grobes, sondern nur kleine kulinarische Feinheiten auf den Tisch, ganz im Einklang mit den Götterweinen.

Restaurant Halferschenke

Dessert

Geeistes Tresterparfait
zubereitet von Thomas Balmes

Dazu empfehlen die Gastgeber Eva und Thomas Balmes
einen edelsüssen Mosel-Riesling von einem Winninger Weingut – Auslese oder Beerenauslese

Zutaten für 6 Personen

Für dieses Dessert brauchen Sie 6 Eigelb, 110 Gramm Zucker, 3 Eiweiß, 250 Milliliter Sahne, 2 Esslöffel Traubenlikör, 2 Esslöffel Tresterbrand, Minze oder Zitronenmelisse, frische Früchte der Saison, Puderzucker oder Kakaopulver.

Zubereitung in ca. 45 Minuten

Die Eigelb mit 35 Gramm Zucker schaumig schlagen. Eiweiß mit 75 Gramm Zucker zu Eischnee schlagen. Die Sahne steif schlagen. Dann 3 Esslöffel der schaumigen Eigelbmasse vorsichtig in den Eischnee rühren. Traubenlikör und Trester langsam unterheben. Zunächst restliche Eigelbmasse, dann die geschlagene Sahne unterziehen. Sofort in Formen (z. B. Tassen) füllen und mindestens 12 Stunden frieren.

Serviervorschlag

Das Parfait mit einem Messer aus seiner Form lösen und auf den Teller stürzen. Nach Belieben mit Minze oder Melisse und frischen Früchten dekorieren und mit Puderzucker oder Kakaopulver abstäuben.

Tipp

Das Parfait lässt sich leichter stürzen, wenn man die Formen kurz unter warmes Wasser taucht.

Das erwartet Sie

Das Restaurant „Halferschenke“ in Dieblich an der Mosel bietet eine geradlinige, gehobene Küche im heimeligen und doch eleganten Ambiente eines moseltypischen Bruchsteinhauses. Hier serviert Thomas Balmes Gerichte, die aus frischen Produkten der Umgebung zubereitet werden. Auch auf der Weinkarte findet der Besucher vor allem regionale Spezialitäten: Eine gute Auswahl an Mosel-Rieslingen dominiert die Karte. Gastgeberin Eva Balmes steht den Besuchern bei der richtigen Weinauswahl gern beratend zur Seite.
www.halferschenke.de

Unter des Kaisers strengem Blick

Dass in Koblenz alles vorbei sei, davon will man in der Stadt des Zusammenfließens von Mosel und Rhein nichts wissen. In Koblenz fange doch alles erst an!

Obwohl die „Wacht am Rhein“, wie Koblenz auch genannt wird, ebenso wie Trier auf römischen Wurzeln ruht, weht dort, seit in der Stadt im 19. Jahrhundert die Preußen regierten, ein anderer Wind. Ein bisschen kühler – preußisch eben. Die Preußen bauten Koblenz zur größten Festungs- und Garnisonsstadt im Rheinland aus. Die Stadt blieb mithin ihrer römischen Bestimmung treu. Man gibt sich dort eben doch auch rheinländisch, offen. Und man liebt selbstverständlich den Wein und weiß zu genießen. Die Altstadt versprüht zwischen Entenpfuhl und Florinsmarkt, zwischen Jesuiten- und Görresplatz in ihren Gassen und auf ihren Straßen heute mehr denn je eine charmante südliche Lebensart. Hier haben sich kleine Geschäfte, Restaurants und Bistros angesiedelt, die viel Lebendigkeit ausstrahlen.

Ich verlasse die Altstadt und nehme die Festung Ehrenbreitstein ins Visier, sie liegt auf der gegenüberliegenden Seite der Stadt, hoch über dem Rhein. Mit ihren Festen Alexander und Konstantin, der Rotunde auf dem Asterstein und den Kasematten beweist sie das Können der Baumeister des klassischen Festungsbaus, weit vor der Erfindung weittragender Artillerie.

Man muss einmal dort oben gewesen sein, denn die Festung gestattet den besten Blick über Koblenz bis weit in die Eifel hinein. Auf der anderen Seite, nordwestlich davon, strömt die Mosel heran. Nur wenige Meter noch trennen sie vom Rhein, der sich unterhalb der Festung seinen Weg in den Norden bahnt. Männlich stark kommt er daher. Sein Tal ist breit, der Flusslauf mächtig, sein Ufer weniger lieblich als das der Mosel.

Am „Deutschen Eck“ in Koblenz treffen beide Flüsse aufeinander, werden eins. Unter den Augen Kaiser Wilhelms II., der sich als Reiterstandbild dort auf einem wuchtigen Basaltsockel erhebt. Hier nehmen ganz andere Geschichten ihren Anfang...

Dass die Mosel unter den Augen des Kaisers in den Rhein fließt, hebt die Stadt Koblenz zu guter Letzt doch einmal hervor, verleiht ihr eine eigene Bedeutung gegenüber Trier, aus deren

„Die Minerale des Schiefers können sich ungehemmt entfalten."
Ein verwitternder Schieferfelsen

Schatten sie lange Zeit nicht heraustreten konnte. Was die römischen Kaiser für Trier waren, das ist Wilhelm der Große für Koblenz geworden. Er und seine Ehefrau Augusta aus dem Hause Sachsen-Weimar lenkten die Geschicke der Stadt in der zweiten Hälfte des 19. Jahrhunderts in das Interesse des kaiserlichen Hofs und machten sie zu einer offenen und lebendigen Residenzstadt. Nach ihrer Gründerin sind so auch die Rheinanlagen benannt, das Ufer des Flusses, ein einfassendes, breites Promenadenband. Die Mosel nimmt das alles gelassen hin, sah sie doch Soldaten, Feldherren, selbst Kaiserinnen und Kaiser kommen und gehen.

Und ewig lockt das Weib

„Die moderne Form von Weiblichkeit hat etwas Hemmungsloses, Schamloses, Impulsives, sie gibt sich draufgängerisch und verletzlich, unabhängig und anschmiegsam zugleich“, sagt die renommierte Londoner Floristin Nikki Tibbles, als sie über die feminine Komponente der Blume sinniert, und ich überlege, ob sie Recht hat. Sicher hat sie Recht. In London, Paris, New York, an all den Plätzen der ganzen Welt, wo die Blume in einer gefühlskalten, puristischen Zeit als Skulptur sinnlich überhöht wird, gilt, was sie sagt, uneingeschränkt.

Die Mosel als einzigartige Blume deutscher Landschaft? Wie steht es um sie? Von der Antike über das 19. Jahrhundert bis hinein in die Gegenwart – auf den ersten Blick lässt sich kein femininer Bogen spannen, der die Epochen zusammenhielte. Der Wein ist männlich. Die Römer sind schon lange nicht mehr dort. Und die Mosel scheint der modernen Form von Weiblichkeit so ganz und gar nicht zu entsprechen, obwohl der Wein heutzutage auch hier von so manch einer couragierten Frau bereitet wird.

Oder muss man sich dem Wesen des Flusses doch anders nähern? Die Mosel als kitschiges Requisit für die Remakes der Fünfziger, für Filme wie „Der fröhliche Weinberg“, „Wenn wir alle Engel wären“ oder für Rudolf G. Bindings „Moselfahrt aus Liebeskummer“? Sie alle wurden an Schauplätzen entlang der Mosel gedreht. Auch die Fernsehserie „Moselbrück“, die in den neunziger Jahren in Ürzig in einem Weingut des Neubarocks, im Mönchhof, in Szene gesetzt wurde? Kitsch, der Weinseligkeit transportieren will, zeigt zu wenige ihrer charakteristischen Merkmale auf.

Die Mosel verspricht mehr. Sie lädt ein, den Augenblick zu genießen. Und sie ruft in Erinnerung, um mit Markus Kaminski zu sprechen, dass wir jene ursprünglichsten Gesten des Menschseins verloren haben: das Natürliche, das Schmücken, die winzige Ablenkung, den kleinen Zauber für Minuten oder Sekunden.

Ich begreife. Ganz Frau ist die Mosel ohne Diskussion. Im Gegensatz zu einer Blume aber verschwendet sie dauerhaft ihre Pracht: unaufdringlich, still, verhalten. Bisweilen auch laut wie im Mythos, von Nymphen und Satyrn beherrscht, die Bacchus’

„Das arkadische Bild eines Garten Edens."
Echeveria im Weinberg

Flöten schwingend begleiten. In unseren Tagen natürlich in moderner Form. Im Gefolge der Weinköniginnen und viel Volk etwa, wenn das Weinfestzelt aus den Nähten platzt. Dann wieder leise. Wie geschaffen für das Stillen der immer größer werdenden Sehnsucht nach Ruhe, Ausspannen, Abschalten, Sich-verwöhnen-Lassen. Ihr Jahrtausende altes, tief in den Schiefer eingegrabenes Flussbett zeugt aber immer von der Kraft des Unbeirrbaren, die jedes menschliche Tun in den Schatten stellt, ja sich mit deren Stolz versöhnt, ihn noch belohnt.

Eine einzelne Blume hier, ein überbordender rosenroter Oleander dort, pastellfarben durchwirkt im Frühling, golden im Herbst, Pracht im Überfluss. Der Flügelschlag eines Schwans stilisiert den Augenblick des Vergänglichen zu einer Momentaufnahme vom Glück. Nebelschwaden künden vom Beginn der dunklen Jahreszeit, in der die Mosel sich in ihr graues schweigsames Winterkleid hüllt. Regenwolken bauen sich zu Gebirgen auf. Eine Sinfonie von Grautönen begleitet ihr Fließen nach einer immer währenden Melodie.

Unterbrochen wird diese winterlich ruhige Zeit einzig von der Wucht der Fluten, die über die Weindörfer hereinbricht, wann immer die Mosel es will. Und sie will! Von empfindsam sanft bis unerschrocken machtvoll lässt sie keine Nuancen aus! Also doch die ganz moderne Frau: furchtlos, unverfälscht, schön. Mit unverwüstlich festen Wurzeln und mit Sinn für die großen Zeitläufte. Eine, die weiß, was sich zu bewahren und aufzunehmen lohnt und welche Moden oder Trends sie getrost weiterziehen lassen kann.

Römische Villa, antike Kelter, Mosaiken mit Bacchanten, Tierhetzen und Wagenrennen, Herrenhaus und Bauernkate, Burgenromantik, Kirchlein im Weinberg, Mythos und Kult, Bruchsteinmauern, barocke Fassaden oder gar terrassierte Steillagen, die nach Unendlichkeit streben – all diese Mosaiksteine vermitteln eine Ahnung davon, warum Johann Anton Ramboux dieses Land wiederentdeckte oder so unverbesserliche Schwärmer wie Clarkson Stanfield oder William Turner die schroffe Schöne mit ihren Augen zu sehen verstanden. Und warum sie uns auch heute noch in ihren Bann zieht.

Eingefasst zur Linken von der Eifel und zur Rechten vom Hunsrück, die beide als Mittelgebirgslandschaften den Zauber des Flusses begrenzen, vermittelt sie die Andersartigkeit, das Besondere, zusammengesetzt aus Bewahren und Sich-Neuem-Öffnen, denn Arkadien, das sprichwörtliche Land guter ländlicher Sitte und stillen Friedens, ist auch heute noch an den Ufern der Mosel zu finden. Jedoch: Nur mit dem Herzen sieht man es wirklich gut.

Adressen

Weingüter / Weinhandlungen

Weingut Bastgen
Inhaber: Mona Bastgen und Armin Vogel
Moselstraße 1 | 54518 Kesten
06535/7142 | www.weingut-bastgen.de

Weingut Bauer
Inhaber: Karl-H. Bauer
Moselstraße 3 | 54486 Mühlheim
06534/571 | www.weingut-bauer.de

Weingut Becker
Inhaber: Wolfgang Becker
Olewiger Straße 206 | 54295 Trier
0651/938080 | www.weinhaus-becker.de

Weingut Becker-Steinhauer
Inhaber: Günter Becker
Hauptstraße 72 | 54486 Mühlheim
06534/521 | www.becker-steinhauer.de

Bischöfliche Weingüter
Inhaber: Bischöfliches Priesterseminar Trier
Hohe Domkirche Trier | Bischöfliches Konvikt Trier
Gervasiusstraße 1
0651/145760 | www.bwgtrier.de

Weingut Joh. Jos. Christoffel Erben
Inhaber: Robert Eymael
54539 Ürzig, Mönchhof | 06532/93164
www.moenchhof.de

Weingut Reinhold Franzen
Inhaber: Ulrich Franzen
Gartenstraße 14 | 56814 Bremm
02675/412 | www.weingut-franzen.de

Weingut Leo Fuchs
Inhaber: Bruno Fuchs
Hauptstraße 3 | 56829 Pommern
02672/1326 | www.leo-fuchs.de

Weingut Grans-Fassian
Inhaber: Gerhard Grans
Römerstraße 28 | 54340 Leiwen
06507/3170 | www.grans-fassian.de

Weingut Fritz Haag – Dusemonder Hof
Inhaber: Wilhelm Haag
Dusemonder Straße 44 | 54472 Brauneberg
06534/410 | www.weingut-fritz-haag.de

Weingut Freiherr von Heddesdorff
Inhaber: Andreas von Canal
Am Moselufer 10 | 56333 Winningen
02606/962033 | www.vonHeddesdorff.de

Weingut Heymann-Löwenstein
Inhaber: Reinhard Löwenstein und
Cornelia Heymann-Löwenstein
Bahnhofstraße 10 | 56333 Winningen
02606/1919 | www.heymann-loewenstein.com

Weingut Carl August Immich-Batterieberg
Inhaber: Gert Bastgen
Im Alten Tal 2 | 56850 Enkirch
06541/83050 | www.batterieberg.de

Weingut Albert Kallfelz
Inhaber: Albert Kallfelz
Hauptstraße 60–62 | 56856 Zell-Merl
06542/93880 | www.kallfelz.de

Weingut Karthäuserhof
Inhaber: Christoph Tyrell
54292 Trier-Eitelsbach | 0651/5121
www.karthaeuserhof.com

Weingut Reichsgraf von Kesselstatt
Inhaber: Günther Reh
Schlossgut Marienlay | 54317 Morscheid
www.kesselstatt.com

Weingut Reinhard & Beate Knebel
Inhaberin: Beate Knebel
August-Horch-Straße 24 | 56333 Winningen
02606/2631 | www.weingut-knebel.com

Weingut Sybille Kuntz
Inhaber: Sybille Kuntz und Markus Kuntz-Riedlin
Moselstraße 25 | 54470 Lieser
06531/91000 | www.sybillekuntz.de

Weingut Dr. Leimbrock – C. Schmidt
Inhaberin: Ulrike Oessling
Bergfried 2 | 54486 Mühlheim
06534/357 | www.dr-leimbrock.de

Weingut Schloss Lieser
Inhaber: Thomas Haag
Am Markt 1 | 54470 Lieser
06531/6431 | www.weingut-schloss-lieser.de

Weingut Dr. Loosen
Inhaber: Ernst F. Loosen
St. Johannishof | 54470 Bernkastel-Kues
06531/3426 | www.drloosen.de

Weingut Mönchhof – Robert Eymael
Inhaber: Robert Eymael
54539 Ürzig | 06532/93164
www.moenchhof.de

Weingut Egon Müller – Scharzhof
Inhaber: Egon Müller
54459 Wiltingen, Scharzhof | 06501/17232
www.scharzhof.com

Weingut von Othegraven
Inhaberin: Dr. Heidi Kegel
Weinstraße 1 | 54441 Kanzem
06501/150042 | www.von-othegraven.de

Weingut Paulinshof
Inhaber: Klaus Jüngling
Paulinstraße 14 | 5418 Kesten
06535/544 | www.paulinshof.de

Weingut Dr. Pauly-Bergweiler
Inhaber: Dr. Peter Pauly
Gestade 15 | 54470 Bernkastel-Kues
06531/3002 | www.pauly-bergweiler.com

Weingut Joh. Jos. Prüm
Inhaber: Dr. Manfred und Wolfgang Prüm
Uferallee 19 | 54470 Bernkastel-Wehlen
06531/3091

Weingut S. A. Prüm
Inhaber: Raimund Prüm
Uferallee 25–26 | 54470 Bernkastel-Wehlen
06531/3110 | www.sapruem.com

Weingut Reh
Inhaber: Winfried und Sigrid Reh
Weierbachstraße 12 | 54340 Schleich
06507/99110 | www.weingut-reh.de

Weingut Max Ferd. Richter
Inhaber: Ökonomierat Horst Richter und Dr. Dirk Richter
Hauptstraße 37/85 | 54486 Mühlheim
www.maxferdrichter.com

Weingut Max Sankt Urbans-Hof
Inhaber: Nik Weis
Urbanusstraße 16 | 54340 Leiwen
06507/93770 | www.urbans-hof.de

Weingut Vereinigte Hospitien
Inhaber: Stiftung des öffentlichen Rechts
Krahnenufer 19 | 54290 Trier
0651/9451210 | www.vereinigtehospitien.de

Alois Dallmayr
Dienerstraße 14-15 | 80331 München
089/21350 | www.dallmayer-onlineversand.de/blauer

Frischmarkt Zickuhr GmbH
Geschäftsführer: Fritz Zickuhr
Dürener Straße 199–203 | 50931 Köln
0221/9402106 | www.frischmarkt-zickuhr.de
Fritz Steinlein GmbH und Co. KG – Haus der Weine
Geschäftsführer: Bernd Weber
Olewiger Str. 133 | 54295 Trier
0651/33103 | www.fritz-steinlein.de

Wein und Glas Compagnie
Geschäftsführer: Georg Mauer
Prinzregentenstraße 2 | Am Prager Platz | 10717 Berlin
030/235 1520 | www.weinundglasberlin.de

Wildbadwein
K. Adolph Huesgen & Co.
Handelsgesellschaft MBH
Wildbadstraße 46 | 56841 Traben-Trarbach
06541/814440 | www.wildbadwein.de

Altes Kelterhaus
Inhaber: Markus Plein
Am Martiner Garten 13, | 54487 Wintrich
06534/949667

Alte Molkerei
Inhaberin: Claudia Krause
Grafenstr. 25 | 54531 Manderscheid
06572/1228 | www.die-alte-molkerei.de

Hotel Burg Arras
Inhaber: Maria und Otto Keuthen
56859 Alf | 06542/22275
www.arras.de

Romantik Jugendstilhotel Bellevue
Inhaber: Matthias Ganter
Am Moselufer
56841 Traben-Trarbach | 06541/7030
www.bellevue-hotel.de

Die Graifen
Weine – Leben – Essen / Graifen Interieur
Einrichten & Accessoires / Weingut Dr. Melsheimer
Inhaber: Hidegard Palm, Matthias Decker
Wolfer Weg 11
56841 Traben-Trarbach | 06541/811075
www.graifen.de

Restaurant Halferschenke
Inhaber: Eva und Thomas Balmes
Hauptstraße 63 | 56332 Dieblich
02607/1008
www.halferschenke.de

Marais – Restaurant Français
Inhaber: Jean-Pierre Marais
Schloss Liebieg | Römerstr. 52 | 56330 Kobern-Gondorf
02607/974400 | www.jp-marais.de

Ringhotel Moselschild
Inhaber: Kurt Schild
Moselufer 12–14 | 54539 Ürzig
06532/93930 | www.moselschild.de

Wein- & Tafelhaus Oos
Inhaber: Gerhard Grans
Moselpromenade 4 | 54349 Trittenheim
06507/702803 | www.grans-fassian.de

Weinromantikhotel Richtershof
Inhaber: Manfred Preuß
Hauptstraße 81–83 | 54486 Mülheim bei Bernkastel
06534/9480 | www.weinromantikhotel.de

Hotel Schloss Zell
Inhaberin: Karin Schneider
Schloss-Str. 8a | 56856 Zell
06542/98860 | www.schlosszell.de

Waldhotel Sonnora
Inhaber: Helmut Thieltges
54518 Dreis | 06578/406
www.hotel-sonnora.de

Landhaus St. Urban
Inhaber: Ruth und Harald Rüssel
Büdlicherbrück 1 | 54426 Naurath/Wald
06509/91400 | www.landhaus-st-urban.de

Victor's Residenz-Hotel Schloss Berg
Victor's Landgasthaus „Die Scheune“
Victor's Gourmet-Restaurant Schloss Berg
Inhaber: Victor's
Pächter des Gourmet-Restaurants: Christian Bau
Schlosshof | 66706 Perl-Nennig | 06866/790 | www.victors.de

Literatur

Binding, Rudolf R.: Moselfahrt aus Liebeskummer. Novelle in einer Landschaft, Traben-Trarbach: Eckbert Maul 1990.

Dominé, André: Wein, Köln: Könemann 2000.

Diel, Armin/Payne, Joel: GaultMillau. WeinGuide Deutschland, München: Christian Verlag jährlich.

Deckers, Daniel (Hrsg.): Zur Lage des Deutschen Weins. Spitzenlagen und Spitzenweine, Stuttgart: Klett-Cotta 2003.

Held, Heinz: Die Mosel. Von der Mündung bei Koblenz bis zur Quelle in den Vogesen. Landschaft, Kultur, Geschichte, Köln: DuMont 1991.

Kröll, Ralf: Zur Stratigraphie, Fazies und Tektonik des Unterdevon zwischen der Untermosel und Boppard (Moselmulde, Rheinisches Schiefergebirge), Bonn: Dissertation 2001.

Liebieg, Theodor von (Hrsg.): Der Auto-Pionier auf Viktoria von Carl Benz, Mannheim. Nach dem Tagebuch der beiden Benzfahrer, Reichenberg: Kraus 1938.

Löwenstein, Reinhard: Von Öchsle zum Terroir, in: Frankfurter Allgemeine Zeitung (FAZ), Nr. 232, 7. Oktober 2003, S. 7.

Pigott, Stuart: Die großen deutschen Riesling Weine, München: Econ Verlag 1995.

Pigott, Stuart: Rhein und Mosel. Zu Rebhängen und Sehenswürdigkeiten, Bern/Stuttgart: Hallwag Verlag 1997.

Schönberger, Otto: D. Magnus Ausonius. Mosella, Stuttgart: Philipp Reclam 2000.

Schommers, Reinhold: Mosel, Köln: DuMont Buchverlag 1999.

Viebig, Clara: Die goldenen Berge. Roman, Briedel: Houben und Radermacher 1994.

Wappenschmidt, Friederike: Ohne Bacchus friert Venus. Vortrag auf einem sinnlichen-kulinarischen Abend im Weingut Heymann-Löwenstein, Winnigen 1998.

Zierden, Josef: Literarischer Reiseführer Rheinland-Pfalz, Frankfurt: Brandes & Apsel 2001.

Gedichte und Rezepte

Ausländer, Rose: Musik II. Aus: dies., Ich höre das Herz des Oleanders. Gedichte 1977–1979. © S. Fischer Verlag GmbH, Frankfurt am Main 1984.

Bau, Christian: Das Kochbuch, Neustadt / Weinstraße: Neuer Umschau Buchverlag GmbH 2004.

Rilke, Rainer Maria, Blaue Hortensie, Herbsttag, Römische Fontäne. Aus: Uwe Heldt (Hrsg.): Rainer Maria Rilke / Gegenüber dem Himmel / Die schönsten Gedichte, München-Zürich: Piper 2003.

Rilke, Rainer Maria, Der Schwan. Aus: Felix Braun (Hrsg.): Der Tausendjährige Rosenstrauch. Deutsche Gedichte, München-Zürich: Diana Verlag 2002.

Vita

Monika Keuthen, Jahrgang 1960, studierte Geschichte, Geografie und Erziehungswissenschaften. Seit ihrer Promotion in Geografie arbeitet sie als freie Autorin.
So schrieb sie Biografien über Christiane Vulpius, Paula Modersohn-Becker und Amelia Earhart, die in der Reihe „Rebellische Frauen" erschienen. Monika Keuthen verfasste zahlreiche Beiträge zu den Themen Geschichte, Business sowie Essen und Trinken. Seit vielen Jahren lebt die passionierte Weinkennerin in ihrer Wahlheimat Zell an der Mosel.